Margot Käßmann

Erziehen als Herausforderung

W0088209

HERDER spektrum

Band 5170

Das Buch

Jugendliche zeigen eine große Offenheit für Fragen nach dem Sinn; gleichzeitig sind sie einem Druck ausgesetzt, der Erfolg, Konsum und Spaß zum Ziel hat. Der Wunsch nach existentieller Absicherung nimmt zu in einer Zeit, in der sich jeder sein Leben selbst entwerfen, zusammensuchen und gestalten zu müssen scheint.
Überzeugende Vorbilder, Vermittlerinnen und Vermittler in dieser Umbruchssituation gibt es wenige. Und doch werden glaubwürdige Ansätze gesucht. Margot Käßmann kennt die Fragen der Jugendlichen – und der Eltern.
Was hat Sex mit Liebe zu tun? Was der Glaube mit der Kirche? Worauf kommt es eigentlich an im Leben? – Eltern möchten ihren Kindern in diesen Fragen Orientierung bieten. Doch oft stehen sie damit vor einem Problem: Wie glaubwürdig sind wir für unsere Kinder? Was nehmen sie uns (noch) ab? Wer sich mit solchen Fragen auseinander setzt, kommt um sich selbst nicht herum:
Worauf kommt es uns in unserem eigenen Leben an, was möchten wir den Jugendlichen auf jeden Fall gezeigt haben und mitgeben? Lassen wir uns in Frage stellen, oder wissen wir alles besser? Sind wir glücklich geworden, und zeigen wir unseren Kindern, wie das geht? Wie gehen wir mit dem Tod um? Hat Gott, haben Kirche und Religion etwas mit unserem Alltag zu tun?
Margot Käßmann schreibt ein persönliches und überzeugendes Buch, das Fragen stellt und Antworten kennt, Erfahrungen und Erkenntnisse weitergibt und inspiriert: damit wir den Boden spüren, der uns trägt, und die Visionen nicht aus dem Blick verlieren, die uns beflügeln.

Die Autorin

Margot Käßmann, Dr. theol., geb. 1958 in Marburg, Theologiestudium, Gemeindepfarrerin, 1992 – 1994 Studienleiterin der Ev. Akademie Hofgeismar und 1994 – 1999 Generalsekretärin des Deutschen Evangelischen Kirchentages. Seit 5.9.1999 ist sie Bischöfin der Evangelisch-Lutherischen Landeskirche Hannovers. Margot Käßmann ist verheiratet und hat vier Töchter.
Unter ihren Veröffentlichungen: „Was steht ihr da und seht zum Himmel?" und „Gewalt überwinden – Eine Dekade des Ökumenischen Rates der Kirchen".

Margot Käßmann

Erziehen als Herausforderung

FREIBURG · BASEL · WIEN

Gedruckt auf umweltfreundlichem,
chlorfrei gebleichtem Papier

Alle Rechte vorbehalten – Printed in Germany
© Verlag Herder Freiburg im Breisgau 2001
www.herder.de
Gesamtherstellung: fgb · freiburger graphische betriebe 2001
www.fgb.de
Umschlaggestaltung und Konzeption: R·M·E München /
Roland Eschlbeck, Liana Tuchel
Umschlagbild: © epd Frankfurt
ISBN 3-451-05170-1

Inhalt

Vorwort

Geschafft! So denken wir wohl beide, Mutter und Tochter, als meine älteste Tochter mit der Schule fertig ist. Sie hat ihr Abitur bestanden, jetzt geht es auf die Suche nach einem Studienplatz, hinaus in die Welt! Ich habe den Eindruck: Das ist ein neues Kapitel, die Zeit der Erziehung ist abgeschlossen. Was jetzt kommen wird, sind sicher Zeiten der Vertrautheit und Nähe, aber auch der Selbstständigkeit und Distanz. Eine junge Frau steht da vor mir, die ihr Leben nun ganz eigenständig in die Hand nehmen wird.

Für mich ist das ein Moment großer Freude, aber auch der Erleichterung. Durch wie viele Klippen schiffen Eltern im Laufe einer Erziehung! Wie oft haben wir überlegt: Was ist richtig? Da gab es den Blick auf andere Eltern und die Frage: Wie machen die das? Immer wieder müssen Väter und Mütter entscheiden, welchen Weg sie einschlagen wollen.

Dankbar bin ich dafür, dass ich nicht allein erziehen musste, sondern die Verantwortung teilen konnte und kann. Dabei ist mir bewusst: mein Mann sieht manche Situation auf ganz eigene Weise – was folgt, ist meine subjektive Einschätzung.

Mit der ersten erwachsenen Tochter ist für mich eine Zeit des Rückblicks gekommen, die mich verleitet hat, positiv auf die Anfrage zu reagieren, ob ich aus meiner Erfahrung heraus etwas zur gegenwärtigen Erziehungsdebatte beitragen könnte. „Ein persönliches Buch sollte es werden", schreibt mir die Lektorin des Verlages, die die Idee zu diesem Buch hatte. Persönlich ist es geworden, deshalb durften mein Mann, die vier so oft genannten Kinder, meine mehrfach genannte Schwester und die erwähnten Freundinnen es vor Veröffentlichung gegenlesen. Ich hoffe, es ist nicht zu persönlich, sondern gibt die Möglichkeit, zu verallgemeinern; manches wurde dafür verfremdet.

Mir scheint es offensichtlich, dass viele Eltern nach Orientierung in der Erziehung suchen. Um aber selbst zu erziehen, ist es notwendig, die eigenen Lebensgrundlagen zu klären. Erst dann ist es möglich, Kinder zu erziehen, Jugendliche zu begleiten und Erfahrungen weiterzugeben. Für mich sind jene Grundlagen ein Angebot des christlichen Glaubens.

Während ich diese Zeilen schreibe, bin ich mit fünf jungen Mädchen (drei eigenen, zwei Freundinnen) in der Vendée, nahe am Strand. Wir verbringen viel Zeit am Meer, das Leben hat einen verlangsamten Rhythmus. Es wird spät aufgestanden, wenig geplant, mal gehen wir Einkaufen oder Reiten, und wenn es möglich ist, an den Strand. Wir lachen über die Jungs, die versuchen, mit Hanna, Lea und ihrer Freundin Sabine Kontakt aufzunehmen. Esther und ihre Freundin Annika sind ganztags beschäftigt mit Muscheln, Schnecken, Pferden, Tagebuch, Brettspielen, Schmökern oder zur Not dem Gameboy. Wenn das Wetter gut ist, schwimmen wir, buddeln und bauen im Sand, lassen uns die Sonne auf den Bauch scheinen. Ein Luxus-Lotter-Leben fernab von den Problemen dieser Welt. Oder doch nicht?

Ich habe Zeit, die nachgeschickten Zeitungen von vorn bis hinten zu lesen. Dabei wird mir erst deutlich, wie aktuell die Erziehungsfrage ist. Die Zeitschrift *Die Woche* stellt eine ganze Nummer unter den Titel „Streit um die Erziehung" (3.8.2001). Der Bundeselternrat und der Verband Bildung und Erziehung veröffentlichen am 10. Juli in Berlin eine Erklärung, in der es heißt: „Wir haben keine Zeit mehr zu falsch gemeinter Zurückhaltung bei der Erziehung der Kinder und Jugendlichen." Das hört sich ja ganz gut an, aber was heißt das?

In jüngster Zeit hat die Boulevardpresse eine Kampagne von Doris Schröder-Köpf lanciert, nach der unseren Kindern wieder Werte wie Respekt, Ehrlichkeit, Verlässlichkeit beizubringen seien. Dazu sei vor allem Strenge vonnöten. Das klingt auf den ersten Blick plausibel und hat manche schnelle und laute Zustimmung erzeugt. Mir aber erscheinen solche Schlussfolgerungen zu einfach. Jene so genannten Grundwerte sind doch allenfalls Sekundärtugenden. Sie wurden ja auch in der Zeit des Nationalsozialismus hochgehalten. Hat das zu starken klaren Menschen geführt, Menschen mit Zivilcourage heranwachsen lassen? Wurden da nicht eher Untertanen erzogen, die dem von Heinrich Mann beschriebenen Prototyp zum Verwechseln ähnelten?

Eine amerikanische Studie aus den 80er Jahren des 20. Jahrhunderts (die so genannte Oliner-Studie) führt zu folgendem Ergebnis: Kinder, die nicht unhinterfragbaren Gehorsam, sondern gewaltfreie Auseinandersetzung gelernt haben, Kinder, die erlebt haben, dass ihre Eltern partnerschaftlich miteinander lebten, diese Kinder haben Zivilcourage gelernt, diese Kinder wurden zu „Judenrettern" in der Zeit des Nationalsozialismus. Das muss doch zu denken geben. Der bekannte Pädagoge Hartmut von Hentig kommentiert: „Das Gerede von der notwendigen Strenge ist schlicht dumm. Man kann die gewünschten Verhaltensweisen weder befehlen noch erzwingen. Werte muss man durch Lebensformen beglaubigen. Ich dachte, das hätten alle auf allen Seiten gelernt."[1]

Nicht die Unterordnung, der Gehorsam gegenüber vorgegebenen Werten, sondern die Möglichkeit zur Auseinandersetzung, zur Entwicklung eigener Werte und vor allen Dingen das Lernen von Vorbildern lassen eine starke Persönlichkeit reifen. Das entspricht dem evangelischen, dem christlichen Menschenbild, das eine entscheidende Grundlage für mein eigenes Leben und meine Haltung in der Erziehung bildet. Der und die Einzelne sind danach in Freiheit berufen, eigene Entscheidungen zu treffen aufgrund der Werte und Normen, die der christliche Glaube vorgibt. Es ist eine Freiheit, die sich Gott gegenüber rechenschaftspflichtig weiß. Eine Freiheit, die sich bindet, die in der Lage ist, zu wählen zwischen unterschiedlichen Vorbildern, unterschiedlichen Positionen – und die bereit ist, dafür mit guten Gründen einzustehen, „Rechenschaft" abzugeben, wie ein unmodern gewordenes Wort es ausdrückt.

Zwanzig Jahre nach der Geburt unserer ersten Tochter ist meine Erfahrung eine ganz eigene, persönliche.

---

[1] Mut zur Erziehung: Ein gutes Schlagwort in falschen Händen, Frankfurter Rundschau (FR) 12.7.2001.

10

Ich beanspruche nicht, sie im Folgenden soziologisch zu untermauern, pädagogisch zu begründen oder psychologisch zu reflektieren, sondern schreibe dies aus meiner Erfahrung und einer christlichen Perspektive. Das ist subjektiv, keine Frage. Ich bin überzeugt davon, dass wir in der Erziehung als Eltern, Großeltern, Paten, Freundinnen und Freunde, Erziehende an verschiedenen Stationen etwas mitzuteilen haben, ein Fundament legen können aus Vertrauen zu Gott und zu anderen Menschen. Mehr wohl kaum. Aber dieses Fundament wird sich im Leben unserer Kinder als tragbar erweisen. Die großen Erziehungsbücher haben wir jedenfalls alsbald beiseite gelegt. Ohne ein tiefes Gottvertrauen als Grundhaltung hätte mich die Frage nach dem richtigen Erziehen und auch die Angst um meine Kinder immer wieder unfrei gemacht. Gottvertrauen bedeutet für mich, dass nicht alles an mir selbst hängt, sondern ich gehalten bin, und auch wo ich Fehler mache, Gott ganz neue Räume eröffnen kann. So konnte ich mein Bestes tun im Wissen um meine Grenzen und meine Unvollkommenheit, und ich konnte die Kinder auch freilassen, ohne meine Verantwortung leichtfertig abzugeben.

Der Soziologe Niklas Luhmann hat einmal gesagt, man *müsse* die eigenen Kinder nicht erziehen. Wenn man sie allerdings erziehen *wolle*, sei das ohne Religion nicht möglich. Das bestätigt meine Grundüberzeugung, dass wir unseren Kindern Antworten auf ihre religiösen Fragen schuldig sind. Es mag sein, dass sie diese Antworten für sich als irrelevant ansehen oder sie bekämpfen. Sie haben aber ein Recht auf ein deutliches Gegenüber. Es erscheint mir tragisch im

Blick auf Erziehung und auch schäbig, als Eltern, Erwachsene, Lehrerinnen und Lehrer, Vorbilder, keine Überzeugungen, keinen Glauben mitzuteilen. Kinder und junge Leute haben ein Recht auf ein klares Gegenüber, damit sie sich selbst bilden und entwickeln können in der Übereinstimmung oder auch in der Abgrenzung. Unter anderem deshalb treten die christlichen Kirchen ja auch für christlichen Religionsunterricht an staatlichen Schulen ein, der sich vor allem in diesem Punkt von jeder Form von Religionskunde unterscheidet.

In einem Kommentar zur gegenwärtigen Erziehungsdebatte schreibt Ursula März: „Ohne Gott und Glauben können Kinder, was sie seit kurzem ja auch müssen, vermutlich auskommen."[2] Allerdings macht mich stutzig, dass sie anschließend erklärt, die Fragen von Kindern zielten eben ins Metaphysische und auf diese habe sich als Antwort im Alltag die Einführung von Engeln, Schutzengeln und dem Regenbogen bewährt ... Wie kann da Gott eigentlich ausgeschaltet sein? Statt konkreter Spiritualität, die ihren Ort auch in einer bestimmten Religion hat, wird diffuse Religiosität vermittelt.

Die *Frankfurter Allgemeine Zeitung* postuliert den „Tod der Familie" (Alexander Schuller), Barbara Vinken macht den Protestantismus haftbar für die in Deutschland fehlenden Betreuungsmöglichkeiten für Kinder (in ihrem Buch „*Die deutsche Mutter*", Piper-Verlag). Ihren Kommentar beginnt Elke Buhr in der *Frankfurter Rundschau* vom 14.7.2001 mit den Worten: „Über die Familie scheint man ungefähr so

---

2 Ursula März, Ein Leben ohne Gangschaltung, FR 19.7.2001.

schlecht reden zu können wie über Sex. ... Und die Rhetorik der Diskutanten klingt meist so regressiv wie irrational."[3]

Ist die Familie also am Ende? Nein, ich bin überzeugt, die Familie wird bleiben. Sie ist ein Ort der Sehnsucht wie auch die Heimat, von der Ernst Bloch in seinem Werk „Prinzip Hoffnung" schreibt, sie sei ein Ort, an dem noch niemand gewesen sei. Die Familie wird auch weiterhin ein Ort des Zorns bleiben und der Wut aufgrund von Enttäuschungen, Einengung und verlorener Zeit. Und Familien werden immer neu gegründet werden als Ort der Hoffnung und Hort der Liebe, als bleibende Chance für eine behütete Weitergabe des Lebens.

Allerdings werden sie nicht mehr nur in vertrauten Formen existieren. So hervorragend bleibende und verlässliche Strukturen sind, die es zu stärken gilt, so sehr müssen wir doch mit unterschiedlichen Familienkonstellationen, mit Patchwork-Familien rechnen. Gerade in ihnen geht es dann darum, vor allem für die Kinder neue und verlässliche Strukturen zu finden.

Bei einer Trauung, zu der ich eingeladen wurde, war die Tochter des Bräutigams, die einer flüchtigen Beziehung entstammt, mit den Eltern ihrer Mutter anwesend und hat Blumen gestreut. Der Vater zahlt nicht nur Unterhalt, sondern kümmert sich um sie, der Kontakt wird gepflegt, er ist ihr Papa, ganz klar. Die geschiedene Frau seines Bruders war mit den beiden Kindern ebenfalls da, um die Familienbande zu stärken. Es kostet sicher viel

---

[3] Elke Buhr, Apokalyptische Kaugummis, FR 14.7.2001.

emotionale Kraft und großen Willen, Familie auch über Trennungen und Verletzungen hinweg zu gestalten. Aber ich habe dort eine verantwortliche Weise vorgefunden, den Kindern zuliebe mit den Brüchen und Verirrungen der Erwachsenenwelt so umzugehen, dass sie Zuverlässigkeit und Vertrauen kennen lernen.

Erziehung ist kein Kinderspiel, gewiss nicht. Sie braucht Geduld, Energie, Zeit, Erkennen der eigenen Grenzen, sie ist eine der schwersten Aufgaben im Leben. So kann es im Folgenden keine Rezepte geben, eher ein Erzählen der eigenen Erfahrung auf der Suche, vier Kindern Orientierung mit auf den Weg zu geben.

1. Orientierung suchen

Von der Angst, Kinder zu bekommen

„Soll ich oder soll ich nicht?", das ist heute für viele Frauen die Frage – und es ist eine neue Frage. Jahrhunderte und Jahrtausende zuvor hatten sie keine Wahlmöglichkeit mit Blick auf den Nachwuchs. Kinderkriegen war Schicksal, eines, das viele Frauen mit frühem Tod bezahlten. Es war vor allem die Einführung der Pille, die ermöglichte, dass Frauen Zeitpunkt und Zahl der Schwangerschaften bestimmen. Das ist gerade erst einmal vierzig Jahre her!

Das Leben von Frauen hat sich gerade auch dadurch entscheidend verändert. Wie viel Leiden haben Frauen durchstehen müssen und müssen es zum Teil noch heute. Sie wurden verantwortlich gemacht für ungewollte Schwangerschaften, sie starben an Kindbettfieber oder an Erschöpfung nach zwölf Schwangerschaften in ebenso vielen Jahren. Es galt, „dass jedes anständige Mädchen mit jedem illegitimen (heißt: außerehelichen) Liebesakt den sozialen Absturz riskierte, vor dem die schwanger Gewordene im besten Fall der Weg in die Mussehe bewahren konnte."[4] Insofern ist die Möglichkeit der Empfäng-

---

[4] Katharina Rutschky, Die innere Sicherheit, HAZ 4.8.2001.

nisverhütung für Frauen eine Befreiung und ein Zuwachs an Verantwortung zugleich.

Und auch in dieser Frage zeigt sich: Alles Gute hat durchaus problematische Seiten. Beispielsweise ist belegt, dass es trotz aller Aufklärung und aller Verhütungsmittel immer noch eine enorme Zahl von ungewollten Schwangerschaften gibt. Schätzungen zufolge kann auch heute in der Bundesrepublik Deutschland jede zweite Schwangerschaft als ungewollt eingestuft werden. Die Frage der Abtreibung bleibt somit eine große ethische Herausforderung. Zum anderen aber geht es heute mit den gewachsenen Entscheidungsmöglichkeiten ganz neu um die Frage: Will ich überhaupt ein Kind? Immer öfter zögern Menschen, sich für das Erziehen von Kindern zu entscheiden. Elternschaft wird immer weiter hinausgeschoben. Und: die Ausbildung von Frauen hat inzwischen ein hohes Niveau erreicht, aber Karrierechancen haben meistens nur Frauen ohne Kind. Kinder zu haben bedeutet – für Frauen – einen Karriereknick.

Was bei Männern schon lange normal ist, beanspruchen Frauen nun auch für sich: beruflichen Erfolg, Verwirklichung, Einbringen der eigenen Fähigkeiten und Gaben. Da müssen Rollenverständnisse ganz neu entwickelt werden. Und: Kinder sind in der reichen Gesellschaft Deutschlands ein finanzielles Risiko. Der Armutsbericht der Bundesregierung des Jahres 2001 weist das deutlich nach: Das Armutsrisiko trifft vor allem Kinderreiche und Alleinerziehende.

So stellen sich immer mehr Menschen die Frage: „Will ich überhaupt ein Kind?" – „Ach, wissen Sie", sagt mir die Frau, die mich vor dem Fernsehinterview schminkt, „ich bin erst 34, da will ich das Leben noch ein bisschen genießen und mein Freund auch." Bringt ein Kind wirklich den sozialen Abstieg mit sich? Den Abschied vom Genuß? Den Ausstieg aus der Individual- und Spaßgesellschaft? Wie sieht es aus mit dem dreimaligen Urlaub im Jahr? Kann ich karrieremäßig mithalten? Gibt es überhaupt einen Partner, der mich begleiten wird im Wunsch nach einem Kind? Die Bindungsangst vieler Menschen heute verhindert oft die Umsetzung des Kinderwunsches. Und natürlich ist da auch die soziale Komponente: Kann ich mir ein Kind leisten? Kinder sind teuer. Heutigen Schätzungen nach kosten Erziehung und Ausbildung eines Kindes bis zur Volljährigkeit so viel wie ein Einfamilienhaus. Wohnraum für Familien mit Kindern ist knapp bemessen. Mieten sind hoch, das Erziehen von Kindern in der Konsumgesellschaft ist ein Finanzfaktor. Wer vermietet an eine Familie mit vier Kindern und Hund? Als ich mit meiner Familie in Hofgeismar „unter diesen Umständen" eine Bleibe zu mieten suchte, machte der Blick des Maklers die Schwierigkeiten bereits überdeutlich. Nach verschiedenen Rückschlägen haben wir schließlich ein Haus gekauft.

Familien werden regelrecht ausgenommen, wenn in den Schulferien die Preise für Ferienwohnungen und Ferienreisen um mehr als das Doppelte steigen. Jede vierte Familie in Deutschland kann sich keinen Urlaub leisten – da tut es weh, ständig die Billigangebote in den „besten Zeiten des Jahres" zu sehen. Familien sind benachteiligt, wenn es keine Spielplätze in greifbarer Nähe gibt. Betreuungsangebote für Kleinkinder, flexible Öffnungszeiten für Kindergärten, verlässlich betreute Grundschulen und Ganztagsschulen (die es in einigen Bundesländern ja nun endlich bald geben soll!) fehlen. In Restaurants werden Kinder oft als störend empfunden, Hochstühle und Kindermenüs sind selten. Wen wundert's, dass da der Ausweg zu McDonald gesucht wird?

Aber warum kommt Familienpolitik nicht in Gang? Eine schöne Erklärung habe ich im Radio gehört: „... das Leben der Kunstwelt, der Pressekonferenzen und Podiumsdiskussionen, der Ausschuss- und Redaktionssitzungen, der Ausstellungseröffnungen und Empfänge, der Kurzstreckenflüge, Fahrbereitschaften und Taxiquittungen hat wenig zu tun mit der Sphäre des Einkaufens und Schulbrot-Machens, des Betten-Beziehens und Gedicht-Abhörens, nichts mit Besuchen bei den Großeltern und Gehetze zwischen Schule, Kindergarten und mühsam finanziertem Reiheneigenheim."[5] In dieser Konstellation von Problemen entsteht regelrecht Angst davor, Kinder zu bekommen. Und diese Angst zeigt erste Auswirkungen. Ein Drittel der Frauen des Jahrgangs 1962 wird, so die Statistik, gewollt kinderlos bleiben. Immerhin ist es im Sommer 2001 eine dpa-Meldung wert (19.7.), dass ein „Ex-Pornostar" (Dolly Buster) in der Zeitschrift *Neue Revue* erklärt, sie wolle keine Kinder, denn: „Kinder sind süß und knuddelig, wenn sie ganz jung sind, aber dann kommen sie in das Alter, wo sie zu viel fragen und nerven ... Dafür können sie nichts – aber schlimm ist es trotzdem." Ist das jetzt nur dumm, oder spiegelt es – als dpa-Meldung – den Zustand einer Nation?

---

[5] Susanne Gaschke, Familienpolitik und Lebensstil, Politisches Feuilleton, Deutschlandradio Berlin, 23.11.2000.

18

Neben der Angst aber ist da die andere Seite. Es gibt eine große Sehnsucht nach einem Kind. Es gibt Tausende von Frauen, die ungewollt kinderlos bleiben. Jahrtausendelang war Kinderlosigkeit ein Makel für Frauen. Dafür kennt schon die Bibel, dieses alte Buch, zahlreiche Belege. Da ist Sara, die darunter leidet, keine Kinder zu bekommen. Sie lacht, als Gott ihr im hohen Alter verspricht, dass sie endlich einen Sohn gebären wird (1. Mose 18, 6-15). Da ist Hanna, die darum ringt (1. Samuel 1, 1-28), endlich ein Kind zu gebären. Und als Samuel geboren wird, übergibt sie den Sohn dem Tempel. „Wenn ich nur ein Kind hätte": das ist für Frauen vielfach ein existentielles Drama gewesen, davon zeugen Bibel und Literatur.

Und auch wenn Kinderlosigkeit kein Makel mehr ist, dieses „wenn ich nur ein Kind hätte" ist eben durchaus heute auch noch ein Thema. Eine junge Frau hat sich vor einigen Wochen bei mir ausgeweint. Die vielen Therapien der Kinderwunsch-Behandlung haben ihre Ehe so belastet, dass sie damit aufgehört haben. Sie wollte jetzt ganz entspannt sein. Sie sagte: „Weißt du, ich sage mir, es muss nicht ein Kind um jeden Preis sein, ich kann doch auch so glücklich sein im Leben." Gut, vernünftig, dachte ich. Und dann rief sie kurz darauf an: „Ich hatte heute einen Eisprung, und wir haben miteinander geschlafen – es gibt doch Hoffnung, betest du für mich?" Wie groß und beherrschend kann diese Sehnsucht sein. Ich spüre die Zerrissenheit der jungen Frau. Aber wie ist ihr zu helfen, mit diesem Kummer zu leben?

Manche Frauen nehmen schwierige und schmerzhafte Therapien auf sich im Rahmen der In-vitro-Fertilisation, um ein Kind zu bekommen. Monat für Monat wird gewartet und gehofft, die Sexualität wird von einem strikten Zeitplan bestimmt. Das ist eine große psychische Belastung für ein Paar.

Zudem gibt es den Wunsch, ja manches Mal geradezu den Anspruch: „Hätt' ich ein *gesundes* Kind." Große Hoffnungen werden in die Präimplantationsdiagnostik gesetzt. Und bei Spätabtreibungen, bei der Amniozentese und ihrer Analyse werden Kinder selektiert, die den Normanforderungen eines gesunden Kindes nicht entsprechen. Wenn eine Frau diese diagnostischen Maßnahmen verweigert, erntet sie Stirnrunzeln. Eine Pastorin, die sich in der Schwangerschaft für das Austragen des Babys entschlossen hatte, wurde nach der Geburt des mehrfach behinderten Mädchens von ihrem Mann verlassen; er konnte mit der Situation nicht fertig werden. Sie sagt: „Aber ich hätte sie nicht töten können." Und sie muss nun mit der Scheidung und der Belastung der Erziehung des ersten, gesunden Kindes und der Pflege der kleinen Tochter fertig werden. Dazu kommen kritische Nachfragen: „Wenn du es wusstest, warum hast du es dazu überhaupt kommen lassen?" Sie bekommt zu hören: „Selbst schuld!"

Kinder zu bekommen, das hat im 21. Jahrhundert seine Selbstverständlichkeit verloren, ja vielleicht muss gesagt werden: die Unschuld eingebüßt. Es wird zum Vernunftakt, überlegt, geplant oder zur technischen Möglichkeit, eingeleitet durch die ärztliche Wissenschaft. Und der Wahn, Kinder selbst zu schaffen, er macht nun auch vor dem Klonen nicht mehr Halt. Der italienische Gentechnologe Severino Antinori hat vor, innerhalb eines Jahres ein Kind zu klonen. Daraus spricht die ungeheure Arroganz eines

„Machers", der ignoriert, dass das Klonen des Schafes Dolly 266 Fehlversuche zur Voraussetzung hatte, bei denen es zu Fehlgeburten, Totgeburten und schwersten Missbildungen kam. Er ist der Prototyp einer Zeit, die meint, alles im Griff zu haben und Zweifel ausschließen zu können.

Von der Überraschung, Kinder zu haben

Wer sich dennoch für Kinder entscheidet, kann eine ungeheure Überraschung erleben. Mir selber war der Gedanke an eigene Kinder viele Jahre eher fremd. Als ich aber meinen Mann kennen lernte und wir spontan mitten im Studium geheiratet haben, entstand ein sehr massiver, nahezu physischer Kinderwunsch. Die Schwangerschaft folgte unmittelbar, und ich habe diese Schwangerschaft genießen können. Das Wachsen eines anderen Lebewesens in meinem eigenen Körper war für mich eine unglaubliche Erfahrung. Große Sinnlichkeit und Staunen haben sich gemischt. Es war ein Lebensgefühl, das mit dem Wachsen des Bauchumfangs immer strotzender wurde.

Mein Mann und ich haben die Geburt unserer ersten Tochter, wie die Geburten der weiteren Töchter, sehr intensiv erlebt. Der Geburtsvorgang selbst war für mich ein Moment großer Verletzlichkeit. Ich kann mir nicht vorstellen, wie Frauen eine Geburt ganz allein durchstehen, zum Teil verborgen, versteckt, in Kriegen, in Konzentrationslagern, auf der Flucht, im Flüchtlingscamp! Und ich kann nicht verstehen, dass Väter so viele Jahre davon ausgesperrt wurden.

Ich selbst befand mich in einer Atmosphäre, in der alle versuchten, mir und dem Kind zu helfen, die Hand gehalten von dem Vater des Kindes. Das war ein Privileg. Zwar hatte ich für die erste Geburt eine Hausgeburt geplant, aber das ging schief, weil der Gynäkologe am Sonntagmorgen keine Lust hatte zu kommen und die Hebamme damals noch keinen Dammschnitt nähen durfte – heute wäre das erlaubt. Also ging es in die Klinik; während mein Mann die Papiere ausfüllte, platzte die Fruchtblase, die Hebamme kam zu spät, es gab einen üblen Dammriss – durchaus Chaos also. Der Arzt schlief noch und hat später übernächtigt versucht, einen Katheter zu setzen, um zu prüfen, ob die Harnröhre in Mitleidenschaft gezogen worden war, und beim Nähen des Dammrisses hatte er Mühe. Das alles war nicht sehr lustig. Aber: als dieses kleine Wesen geboren wurde, machte ich eine überwältigende Erfahrung von Liebe. Mir ist klar, dass dies für viele nach Klischee klingt, manche diesen Mutterimpuls auch ablehnen und deutlich machen, dass sie ihn nicht erlebt haben. Für mich persönlich aber war es tatsächlich ein Durchbruch. Ich habe selten zuvor verstanden, was es bedeutet, bereit zu sein, sich selbst völlig hinzugeben für ein anderes Wesen. Dieses Wesen beschützen und für dieses Wesen da sein zu wollen. Die Geburten meiner Töchter waren die emotional tiefsten Erlebnisse meines Lebens. Mein Verständnis von Hingabe, davon, das Leben zu geben für einen anderen Menschen, wie es die Geschichte vom Sterben Jesu erzählt, hat sich durch die Geburtserfahrungen tief gewandelt. Es geht dabei eben nicht um Opfer, sondern um einen fundamentalen Vorgang von Liebe.

Natürlich habe ich auch sehr schnell gelernt, dass dieses neue Wesen mein Leben umkrempelt! Einen Kursus in alternativer Kinderpflege hatten wir in einer Familienbildungsstätte mitgemacht, inklusive Kochkurs für ökologisch korrekten Babybrei. An einer Puppe haben wir geübt, wie eine waschbare Windel anzulegen sei. In der ersten Nacht mit unserer Tochter haben wir es zu Hause versucht. Die Windel hielt nicht, alles war nass, zum Schluss haben wir es mit Sicherheitsnadeln und einer Plastiktüte versucht. Das Erste, was ich am nächsten Morgen zu meinem Mann gesagt habe, war: „Bitte hol eine Tüte Pampers." Das war mein persönlich verantwortetes Zurückweichen in Sachen Ökologie! Ich habe mir manches Mal anhören müssen, dass das nicht gut sei ... Später, als ich mir – viel zu spät – den Luxus eines Wäschetrockners geleistet habe, kamen ähnliche Bemerkungen. All den klugen Menschen habe ich dann gesagt, wenn sie aufhörten, Auto zu fahren, weil das äußerst umweltschädlich ist, dann würde ich Ökowindeln benutzen und die tausend Kleinteile der Wäsche aufhängen. Es ist doch erstaunlich, dass der ökologisch-moralische Zeigefinger vor allem da erhoben wird, wo die Arbeit von Müttern erleichtert ist, aber selten dort, wo die Bequemlichkeit anderer Arbeitnehmer berührt wird. (Natürlich sind die ökologischen Fragen mir wichtig, und ich bin weit davon entfernt, mich über berechtigte Anfragen lustig zu machen!)

Und dann: ich hatte nicht geahnt, dass so ein kleines Kind die ganze Nacht wach sein könnte! „Warum hat uns das eigentlich niemand erzählt?", habe ich eine Freundin gefragt. Ich war völlig verzagt, dass mein Leben mit der Geburt plötzlich in eine solche unglaubliche Abhängigkeit gerät. Dieser winzige Mensch hat mein Leben bestimmt, meinen Zeitrhythmus diktiert, meinen Körper dirigiert in der Milchproduktion. Das hat mich zeitweise ungeheuer irritiert und manchmal nahezu verzweifeln lassen.

Kürzlich habe ich im Zug ein junges Paar mit Kind gesehen – und das Kind schrie einfach nahezu von Frankfurt bis Hannover. Werden die beiden die Geduld haben, mit dem Baby, miteinander? Ich habe ihnen Kraft gewünscht. Wer weiß denn, was das heißt, wenn so ein Baby die ganze Nacht schreit? Zumal, wenn Vater und Mutter wissen: die Nachbarn werden gestört. Da verliert mancher die Nerven, und immer wieder kommt es zu Gewaltakten. Ein schreiendes Baby, Stunden um Stunden: das ist zum Verzweifeln. Und es wäre gut, das vorher zu wissen, denn manches ist leichter zu ertragen, wenn man sich darauf einstellen kann. Einmal, als mein Mann in Israel war und ich mit der kleinen Sarah allein, habe ich um halb zwei Uhr nachts meine Mutter angerufen und bin in Tränen ausgebrochen – ich war einfach am Ende meiner Kraft. Es ist in Ordnung, sich das zu erlauben, und es ist gut, jemanden zu haben, der einen dann anhört. Das allein schon hilft.

Diese Gefühle der Verzagtheit waren aber nie stärker als die anderen. Ein Baby im Arm zu halten, frisch gewickelt, im Strampelanzug: Und es ist dein Kind! Da gibt es ein Gefühl von tiefstem Glück und gleichzeitig eine Erfahrung himmelhoher Verantwortung: Es ist unser Kind, und wir sind zuständig für sein Wohl und Wehe. Und es ist eine ganz intensive Erfahrung: So fühlt sich das Leben an. Das Leben setzt sich fort, geht weiter, du gehörst plötzlich zur älteren Generation. Das Leben will gelebt werden und kennt einen Drang zum Leben selbst. Liebe, Glück, Hingabe und Verantwortung, Grundvertrauen in das Leben – das alles ist Teil der Überraschung, Kinder zu haben.

Von dem Abenteuer, Kinder zu begleiten

Warum ist mein Kind, wie es ist? Kann ich stolz sein auf seinen Erfolg, auf ihre Position? Bin ich schuld an ihrem Versagen, an seinem Scheitern? Was hätten wir anders machen sollen? Wie erziehe ich? Habe ich meinen Kindern Werte mitgegeben? – Eine nette Karikatur zeigt die frischgebackenen Eltern am Krankenhausbett. Sie, das Kind im Arm, Blumen auf dem Tisch, sagt: „Hast du' ne Ahnung, wie man Kinder erzieht?" Er, etwas übermüdet, die Krawatte hängt lose, reagiert fassungslos: „Ich dachte, *du* wüsstest Bescheid!"

Wer heute Kinder in die Welt setzt, mit Kindern lebt, Kinder erzieht, tut das selten ganz ohne jede Überlegung. Ja, manchmal lesen Eltern sogar so viel, urteilen und überlegen, dass spontane Erziehung kaum möglich erscheint. Da konsultieren Eltern erst einen Ratgeber, bevor sie ihr Kind erziehen. Erziehung wird oftmals zur sozialen, psychologischen Herausforderung – und zur Überforderung. Denn Eltern, Verwandte und Bekannte werden aus dem Verhalten der Kinder Schlussfolgerungen ziehen:

„Das muss ja ein Daumenlutscher werden, wenn der Vater trinkt!" – „So wie die rumläuft, wundert's mich nicht, dass die Tochter sitzen bleibt." – „Kein Wunder, dass der Junge schlägt, man kennt doch solche Leute." – „Versteht doch jeder, dass sie so introvertiert ist bei der dominanten Mutter."

Solche Bemerkungen erzeugen Druck zur Konformität der Kinder um des Ansehens der Eltern willen.

Und auch das gibt es: keine Erziehung als Methode. Laisser-faire, oder: der Fernseher wird es schon richten. Die Haltung: unser Kind wird wohl eigenständig den richtigen Weg finden; meine Tochter soll einmal selbst entscheiden, welche Religion sie wählt; unser Sohn wird schon irgendwie lernen, dass es nicht gut ist, die Spielsachen anderer zu zerstören. Das ist kein Konzept, sondern – meist aus Bequemlichkeit! – der Verzicht darauf, Grenzen zu setzen und Werte oder Normen zu vermitteln.

Und es gibt schlichte Vernachlässigung: Da sitze ich mit meiner Tochter im Bus zum Schwimmen, habe mich als Mutter bereit erklärt, die zweite erwachsene Begleitperson zu sein (als Zwillingsmutter in zwei Klassen heißt das: zweimal die Woche!). Der kleine Junge in der Bank nebenan starrt auf Hannas Brot. „Willst du auch etwas?", frage ich. „Ja", sagt er und verschlingt ein Brot. „Hast du denn noch nicht gefrühstückt?", frage ich. „Nein", sagt er, „die Mama schläft noch, wenn ich zur Schule gehe …" . Er ist sechs Jahre alt!

„Schuld ist die antiautoritäre Erziehung", sagen die Leute leichthin. Das halte ich für vollkommen falsch. Damals ging es darum, nicht mehr einfach unhinterfragt hinzunehmen, was die Erwachsenen sagten, nicht mehr zu schweigen, wenn es hieß: Bei uns ist das so und basta. Dass nicht nachgefragt, nicht verhandelt und diskutiert werden durfte, wurde als falsch entlarvt. Nicht (mehr) autoritär sollte die Beziehung der Eltern zu den Kindern sein, sondern partnerschaftlich. Kinder sollten Meinungen äußern dürfen, Fragen stellen können, ernst genommen werden als Menschen. Das halte ich tatsächlich für einen richtigen Ansatz. Er ist allerdings anstrengend, weil er ein Mit-Leben mit den Kindern, eine Auseinandersetzung um Werte zur Voraussetzung hat. Dabei geht es eben gerade um Autorität – nämlich um die eigenen Wertvorstellungen der Erziehenden, die klarzustellen sind. Mit der Vernachlässigung, unter der viele Kinder heute leiden, der Gleichgültigkeit, die sie dem Fernseher überlässt, hat jene antiautoritäre Erziehung – bei aller in Einzelpunkten berechtigten Kritik – nichts zu tun.

Schließlich gibt es neueste Konzepte an der Erziehungsfront, die jede Erziehung als sinnlos ansehen. Nur Gene und die *peer-group* sind demnach entscheidend, das Einwirken der Eltern erscheint als nahezu sinnlos.[6] In dem alten Streit: wie viel Einfluß hat die Erziehung, wie viel die Anlagen, wie viel die Umwelt auf die Entwicklung der Kinder, votiert Judith Rich Harris eindeutig. Sie schreibt: „Ohne eigene Schuld haben gute Eltern manchmal schlechte Kinder. ... Was aus ihnen wird, spiegelt nicht die Zuwendung wider, die sie ihnen geschenkt haben. Sie können sie weder perfekt machen noch verderben. Sie haben sie nicht bekommen, um sie zu perfektionieren oder zu

---

[6] Vgl. Judith Rich Harris, Ist Erziehung sinnlos? Die Ohnmacht der Eltern, Reinbek 2000.

verderben. Sie gehören der Zukunft."[7] Das soll Eltern natürlich entlasten, und manchmal ist das auch notwendig. Viel zu oft machen Jugendliche und junge Erwachsene ihre eigenen Eltern verantwortlich für etwas, wofür sie selbst geradestehen sollten. Nein, die Eltern sind nicht an allem schuld! Die Thesen von Rich Harris können aber auch dazu führen, dass Eltern es sich zu leicht machen, indem sie sagen: Wir können nichts dazu, die Umgebung ist entscheidend.

Für mich ergibt sich aus dem Verständnis, Gottes Geschöpf zu sein, auch eine grundsätzlich positive Einstellung zum Leben: Gott hat mich gewollt, Gott kann ich mich anvertrauen im Leben und im Sterben. Daraus schöpfe ich Lebensmut und Lebenskraft, das kann auch einem Kind eine positive Grundhaltung vermitteln. In allen meinen Gesprächen über Kinder und über Erziehung in den letzten zwanzig Jahren habe ich zwei sehr elementare und gegensätzliche Lebensgrundeinstellungen wahrgenommen: eine, die ständig das Negative sieht, Ängste schürt und einen schlechten Ausgang der Dinge und des Verhaltens voraussieht. Die andere Haltung sieht die Dinge positiv, erwartet den guten Ausgang, geht davon aus: das wird schon irgendwie. Ich meine nicht die lapidare Einstellung *don't worry, be happy*, die mir oberflächlich erscheint. Ich meine vielmehr die Fähigkeit, das Leben zupackend anzunehmen, die sich meines Erachtens aus dem Grundverständnis des Lebens als Geschenk ergibt. Solch eine Einstellung habe ich immer als Grundlage meiner Erziehung gesehen. Es ist keine Haltung, die Leiden oder

---

[7] Ebd. S. 514.

Sterben ignoriert, die aber das Leben mit Hoffnung jeden Tag neu annimmt.

Ich sehe sie verkörpert in einem Mann wie Nelson Mandela, der nach 27 Jahren strahlend aus dem Gefängnis kommt, eine große Fähigkeit zur Vergebung zeigt, die Millionen Menschen bewundern, und ganz offensichtlich die Lust am Leben nicht verloren hat. Ich habe diese Grundhaltung erkannt an der sudanesischen Flüchtlingsfrau, die Grauen erlebt hat und nun mit den Verhältnissen ringt, voller Hoffnung auf eine bessere Zukunft für ihre Kinder. Dieser Haltung bin ich begegnet bei dem jungen Mann, der gegen den Krebs kämpft. Er sagt: „Es kann sein, dass ich verliere, aber ich will alles getan haben, um zu gewinnen." Bei vielen Menschen ist eine solche Lebenseinstellung geprägt von Gottvertrauen und Gottesbeziehung. Das will ich meinen Kindern weitergeben: Es gibt einen Weg, wir finden Möglichkeiten.

Manche mögen denken: Das hört sich leicht an für eine Frau in Westeuropa und in finanziell gesicherten Verhältnissen. Es macht aber nach meinem Wissen gar keinen Unterschied, wo und unter welchen Verhältnissen jemand lebt; erst kürzlich haben Studien belegt, dass Menschen in den reichen Industrienationen nicht unbedingt glücklicher sind als Menschen in den armen Kontinenten. Ich habe in Flüchtlingslagern Menschen zerbrechen sehen an der Grausamkeit anderer – und Menschen wachsen sehen an den Herausforderungen. In deutschen Altenheimen können Sie Menschen kennen lernen, die Freude und Lebenslust ausstrahlen – und solche, die miesepetrig meckern schon vom ersten Sonnenstrahl am Morgen an. Und so erlebe ich auch schon Kinder, die stetig das Gute sehen: „Toll, der Blitz!" – und solche, die nur den schlechten Aspekt hervorheben: „Mistwetter!" Diese Grundeinstellung zum Leben ist meines Erachtens entscheidend für ein gelingendes Leben und hängt mit der Glaubensfrage zusammen. Sie wird angelegt in frühester Kindheit.

Wer Kinder bekommt, erhält Anschluss an die nächste Generation. Große Lebenslust wächst im Zusammenleben mit Kindern. Da ist wenig Gefahr, sich womöglich in einem Elfenbeinturm zu verlieren bei all den Auseinandersetzungen um die Konzeption von Krabbelgruppen, Kindergarten und Schulalltag, den Preisvergleichen für Buggies, Babynahrung und Kinderkleidung. Wer Kinder erzieht, ist nah dran am Leben und seiner Wirklichkeit.

Wer Kinder erzieht, wird außerdem sehr verletzlich. Es gibt schreckliche Unfälle: Das Kind von Bekannten stranguliert sich auf der Rutschbahn an der Kordel seiner Kapuze. Eine Schaukel bricht zusammen und begräbt eine Zwölfjährige unter sich. Plötzlich wird allen bewusst: Das Leben ist so verletzbar, so zerbrechlich. Da wird ein Kind entführt, und Müttern und Vätern wird mit den Eltern gemeinsam bewußt: Das ist das Grausamste, was dir im Leben passieren kann. Ein Kind stirbt an einer seltenen Krankheit, und die Fragen nach Leben und Tod, nach Gottes Gerechtigkeit werden in aller Radikalität gestellt.

Und dann ist da diese ungeheure Lebenslust. Ein nacktes schreiendes Kind am Strand, das gegen den Wind anrennt! Ein brabbelndes Baby unter einem Baum, glücklich einfach im Anblick der sich wiegenden Blätter. Ein in das Spiel versunkenes Kind, in einer eigenen Welt, unansprechbar. Ein Kind, das beim Anblick eines Bilderbuches vor Freude juchzen kann. Das ist das pure Leben, Lebenslust, die zu erleben ein großes Geschenk ist. Mit Kindern zu leben bedeutet auch, mit einem Auf und Ab der Gefühle zu leben. Bedeutet furchtbare Angst, ungeheure Wut, schrecklichen Ärger – und unfaßbares Glück. Ja, es ist ein Abenteuer, Kinder zu begleiten.

Von dem Kraftakt, als Eltern zu bestehen

Ich glaube, es wird in diesen ersten Seiten schon deutlich: es geht nicht darum, die Kindererziehung zu idealisieren. Wer Kinder erzieht, kann sehr einsam werden. Da laden bestimmte Freunde die Eltern nicht mehr ein, weil die immer schmierigen Hände der Kinder auf den Designermöbeln stören. Da wird ein Kind krank, und es ist nicht klar, wie das mit der Arbeitsstelle zu vereinbaren ist, wenn keine flexiblen Arbeitszeiten bestehen. Da ist die Frage: Lasse ich mein Kind fernsehen, oder setze ich ihm hier eine Grenze? Kaufe ich meinem Kind die Barbiepuppe, oder ist das die Verführung zu einem falschen Frauenbild? Darf mein Kind mit Pistolen spielen, oder erzeugt das eine Neigung zur Gewalt? Eltern müssen ununterbrochen Entscheidungen treffen, sie sind gefordert, sie werden oft gemessen am Verhalten ihres Kindes.

„Kein Wunder, dass Ihr Kind immer schüchtern an der Wand auf dem Schulhof steht", sagte mir die Klassenlehrerin meiner ältesten Tochter beim ersten Elternsprechtag. „Wenn Sie berufstätig sind, müssen

Sie mit so etwas rechnen." So etwas sitzt tief, wird nie vergessen. Bin ich schuld, habe ich Fehler gemacht, warum ist sie so schüchtern? Oft haben Lehrkräfte mir gesagt, meine Kinder seien zu zurückhaltend, und immer klang es irgendwie vorwurfsvoll. Andererseits weiß ich von Müttern, denen vorgehalten wurde: „Ihr Kind ist zu lebhaft." Immer wieder wird deutlich, dass gerade Mädchen zu einer sozialen Grundhaltung erzogen werden, aufmerksam für andere zu sein, und dass sie dann Mühe haben, in der Schule ihren Platz zu finden. Dazu habe ich als Studienleiterin der Evangelischen Akademie in Hofgeismar eine Tagung durchgeführt und die Ergebnisse publiziert.[8] Ich fand und finde diese Debatte spannend, weil einst ja die Mädchenschulen (wie ich sie in Marburg besucht habe) in dem Ruf standen, hoffnungslos veraltet zu sein. Heute ist geschlechtsspezifische Erziehung wieder in aller Munde, und Alternativen zur Koedukation sind beispielsweise im hessischen Schulgesetz verankert. – Eines Tages sagte mir meine Tochter Esther: „Ich bin neben den schlimmsten Jungen der Klasse gesetzt worden, das ist fürchterlich, ich traue mich gar nicht mehr hin!" Also habe ich die Lehrerin angerufen, die mir sagte: „Ich werde mit den Rabauken in dieser Klasse nur fertig, wenn ich die Schlimmsten neben die bravsten Mädchen setze." Wie reagieren Sie da als Mutter oder Vater? Wenn Sie sich einmischen, gelten Sie als Meckertante bzw. -onkel. Wenn Sie es bei der Entscheidung der Lehrerin belassen, leidet Ihr Kind. Ich habe mich im Zweifels-

---

[8] Die Schule macht's den Mädchen schwer, Hofgeismarer Protokolle 300/1993.

fall immer für mein Kind entschieden – und so auch hier Einspruch erhoben.

Als Eltern bestehen, dazu gehört auch: Krisen meistern. Unsere jüngste Tochter hat sich eines Tages mit brühendem Wasser übergossen. Eine alltägliche Situation: eine der Schwestern will wegen einer Erkältung inhalieren, die Dreijährige ist neugierig, zieht den Inhalator heran und verbrennt sich Unterleib und Scheide. Mit Blaulicht ins Krankenhaus. Schlechtes Gewissen auf allen Seiten. Zu allem Übel begegnen uns die Ärzte mit einem Blick, der den Verdacht in ihren Augen deutlich zeigt: Kindesvernachlässigung. Oder: Wie kann denn so etwas passieren? Es ist für Eltern furchtbar, zu sehen, wenn ein Kind leidet, wenn es Schmerzen hat und es keine Möglichkeit zu geben scheint, diese Schmerzen zu lindern. In den Tagen und Nächten nach diesem Abend habe ich mich oft gefragt, wie Eltern von sterbenden Kindern, Eltern von verhungernden Kindern überhaupt mit einem solchen Schicksal fertig werden, wie sie weiterleben können. Und ich habe einen großen Zorn auf Krankenhäuser bekommen. Die Übernachtung der Eltern bei dem Kind in der Klinik war (damals) unerwünscht. Also haben mein Mann und ich abwechselnd die Nächte auf einem absolut unbequemen Stuhl verbracht. Bei meinen Besuchen auf Kinderstationen heute sehe ich, dass sich da vieles getan hat, ja es gibt bereits Neubauten, bei denen das Elternbett eingeplant ist!

Die Macht der Ärzte hat mich geärgert. Da kam der Chef, der Herr Professor zur Visite hereingeschneit. Ohne Gruß zu den Eltern hin (hätte er nicht sagen können: „Guten Tag, ich bin Soundso, und wie heißen Sie?" Das hätte mir schon genügt.) hob er die Decke hoch, ignorierte auch das Kind als Person und gab Anweisungen. Dann war der „Spuk" vorüber. – Gewehrt habe ich mich zweimal. Einmal schlug er meiner Tochter auf die Finger, weil sie am Daumen lutschte, und sagte: „Daumenlutscher werden Alkoholiker!" Da habe ich gesagt: „Tun Sie das nie wieder: das ist mein Kind, und es darf am Daumen lutschen, vor allem in dieser Situation." Schließlich entschlossen wir uns, Esther heimzuholen. Sie durfte inzwischen aufstehen und sollte sitzen. Tisch und Stuhl aber waren für Erwachsene – und einfach zu groß. Sie rutschte dauernd in sich zusammen, und das schmerzte die gerade heilenden Stellen. Also haben wir Kinderstuhl und -tisch geholt, desinfiziert und aufgestellt. Schließlich fanden wir: was jetzt in der Klinik gemacht wird, das geht auch zu Hause, und unser Hausarzt hat das bestätigt. Also haben wir sie gegen ärztlichen Protest aus dem Krankenhaus nach Hause geholt. Die drei großen Schwestern hatten eine Girlande über dem Eingang angebracht, und von Stund an ging's bergauf.

Eine solche Auseinandersetzung mit „Autoritäten" aber kostet Kraft. Und ich dachte immer: Wenn mir das schon so schwer fällt, obwohl ich doch aus beruflichen Gründen redegewandt sein muss, wie viel schwerer fällt es anderen, hier den eigenen, verantwortlichen Weg zu finden.

Ich will hier erwähnen, dass einige Ärzte etwas beleidigt reagierten, als ich auf dem Jubiläumsfest eines evangelischen Krankenhauses von Esthers Krankenhausaufenthalt mit der Absicht erzählte, wie ein evangelisches Krankenhaus meiner Meinung nach nicht funktionieren sollte. Sie fühlten sich diffamiert. Deshalb will ich sagen, dass es natürlich unglaublich viele engagierte Ärztinnen und Ärzte und wunderbares Pflegepersonal gibt, das erlebe ich bei meinen Krankenhausbesuchen immer wieder. Aber für sie wird die Herausforderung bleiben, sich immer wieder neu in die Situation der Patientinnen, Patienten und Angehörigen hinein zu versetzen. Schmerzen leiden, Angst haben, das sind elementare Lebenssituationen. Ob deshalb die vielen Arzt- und Krankenhausserien im Fernsehen derzeit so beliebt sind?

Und dann sind es die kleineren und größeren Situationen des Alltags, die Eltern viel Kraft kosten. Auf einem Rückflug aus Kanada mit unserer einjährigen Tochter habe ich mich in Grund und Boden geschämt. Das ganze Flugzeug wollte schlafen, meine Tochter aber wollte schreien. Die Blicke der Passagiere, die auf mir ruhten, waren alles andere als freundlich. Oder die eine Erfahrung in einem Café in Kassel: Der Kellner kam und kam nicht. Schließlich hat er missmutig die Bestellung aufgenommen und gesagt: „Die Schuhe bleiben aber von den Stühlen!" Alle Kinder hatten sich „gut benommen"! Eine Frau mit vier kleinen Kindern, wer möchte die schon bedienen? Kinder machen Krach, Kinder stören, und Kinder machen Dreck. Als Eltern zu bestehen – das ist durchaus ein Kraftakt.

2. Grundlagen klären

Fundamente kennen

Wer Kinder erzieht, wird der Frage nach den eigenen Lebensgrundlagen nicht ausweichen können. Kinder fragen unerbittlich, sie suchen Standpunkte, mit denen sie sich identifizieren oder von denen sie sich abgrenzen können. Eine Erziehung ohne bewusste Grundüberzeugung erscheint mir problematisch. Meines Erachtens ist der christliche Glaube eine gute Ausgangsbasis für Erziehung. Er wird – zumal in Deutschland – oft diskreditiert als ewig-gestrig. Ganz anders ist es in den USA, wo Glaube selbstverständlich zum Leben gehört, oder etwa in Afrika, wo ein Mensch ohne Religion kaum vorstellbar ist.

Immer wieder höre ich, dass Menschen sagen: „Mein Kind soll später einmal selbst wählen können, ob und welche Religion es will." Wie aber soll es wählen können, wenn es gar keine Vorgabe kennt? Entscheiden kann ein Mensch sich nur für – oder gegen – etwas, von dem er gehört, das er kennen gelernt hat. – Eine Richterin, die ich für eine Position im Deutschen Evangelischen Kirchentag gewinnen wollte, erzählte mir: „Frau Käßmann, ich bin aber gar nicht Mitglied der Kirche." Ich war erstaunt und sagte: „Sie waren für mich immer so ein Sinnbild von protestantischer Haltung." Und dann erzählte sie mit ein wenig Wehmut und Trauer, dass ihre Eltern als aufrechte Sozialdemokraten den Kindern die Kirchenmitgliedschaft freistellen wollten – sie sollten sich für die Taufe selbst entscheiden, wenn sie religionsmündig würden. Jene Richterin hat sich dagegen entschieden. Sie erläuterte das: „Ich dachte, wenn du es bisher nicht gebraucht hast, warum jetzt?" Später hat sie es bereut, ihr hat etwas gefehlt, aber auch eine rechte Gelegenheit zum Eintritt fand sich offensichtlich nicht. Allerdings hat sie ihre drei Kinder als Babys taufen lassen. „Sie sollten in die Kirche, in diese Gemeinschaft hineinwachsen, damit sie wirklich entscheiden können für oder gegen etwas, das sie kennen", erklärte sie.

Der jüdische Philosoph und Theologe Martin Buber hat einmal gesagt, es gebe zwei Weisen, in den Glauben hineinzufinden: Das eine sei der Glaube, der von den Vätern (und Müttern) ererbt wird, in den wir also als Kinder selbstverständlich hineingeführt werden. Das andere sei der Glaube, der durch eigenes Forschen und Suchen geprägt sei. Und unerschütterlich werde der Glaube, bei dem beides zusammenkomme. Das hat mir sehr eingeleuchtet. Es ist gut und wichtig, als Kind den Glauben der Eltern kennen zu lernen, hineinzuwachsen in eine religiöse Tradition. Voraussetzung dafür ist allerdings, dass die Eltern einen Glauben haben und auch praktizieren. Dabei scheint mir die Freiheit, die zentral zum christlichen Glauben gehört, ein großartiger Ausgangspunkt zu sein. Ich habe diesen Glauben gerade nicht als Enge erfahren, sondern als Weite, nicht als unhinterfragbar, sondern als Chance zur Auseinandersetzung mit der Vernunft.

Als ich in der Nacht vor dem dritten Wahlgang der Bischofswahl in Hannover 1999 darüber nachdachte, wie ich wohl eine Rede formulieren könnte für den „Fall der Fälle" – meiner Wahl – , habe ich als Leitspruch gewählt: „Du stellst meine Füße auf weiten Raum". (Dieser Vers aus Psalm 31 wurde später Kirchentagslosung für den Frankfurter Kirchentag 2001, das aber steht in keinem Zusammenhang.) Meine Alternative wäre der ebenfalls aus diesem Vertrauenspsalm stammende Vers gewesen: „Meine Zeit steht in deinen Händen". Gottvertrauen hat mein Leben geprägt – und so auch meinen Erziehungsstil. Gott ist für mich ein Du, ein Gegenüber, mit dem ich sprechen kann, dem ich mich anvertrauen kann. Gewiss gibt es Phasen des Zweifels, der Verzagtheit. Ohne sie gibt es wohl keinen Glauben. Aber das Grundvertrauen ist mir nie abhanden gekommen, und das nehme ich als Geschenk wahr. Insofern hat sich der Geschenkcharakter des Glaubens, wie er in dem *sola gratia* („allein aus Gnade") der Reformatoren ausgedrückt ist, für mich bewahrheitet. Dieses „allein aus Glauben", das an der Wiege der evangelisch-lutherischen Kirche stand, bedeutet: Glaube kann nicht erarbeitet werden, nicht erzwungen werden, ist keine Leistung.

Aber Glaube entsteht auch nicht per Zufall. „Ich hab's ja mal mit dem Beten versucht, als mein Vater starb, aber es hat nicht geklappt", sagt mir eine junge Frau. So entsteht keine Gottesbeziehung. Wenn ich mich auf einen Menschen einlasse, gibt es einen ersten Kontakt, vielleicht Blickkontakt. Dann folgen Gespräche. Missverständnisse vielleicht auch, und weitere Gespräche. Im Laufe der Zeit, manchmal der

Jahre, entsteht eine tiefe Vertrauensbeziehung. So sehe ich auch die Sache mit Gott. Das „Du" aus dem Psalmwort ist Gegenüber, und vertraut. Es ist eine alte Beziehung, gewachsen über die Jahre, gereift in den unterschiedlichen Kontexten und Situationen. Das *sola gratia*, das Wissen um das Geschenk des Glaubens, schafft nach meiner Erfahrung eine gewisse Nüchternheit und somit auch Widerstandskraft gegenüber Verführungen der verschiedensten Art, seien es Sekten, Drogen oder Konsum.

Ähnlich ist es mit dem anderen Grundwort der Reformation, dem *sola fide* („allein aus Glauben"). Es bedeutet: Wenn allein der Glaube mich vor Gott gerechtfertigt, ja „richtig" sein lässt, werde ich unabhängig von den vielen Urteilen anderer. Das scheint mir die schärfste Kritik an der Leistungsgesellschaft überhaupt zu sein. Es gibt nichts, was ich tun kann, keine Summe, die ich verdienen, kein Aussehen, das ich habe oder herbei operiere, das mich vor Gott Ansehen erringen lässt. Sondern: weil Gott mich ansieht, bin ich eine angesehene Person. Selbst der Glaube noch ist ein Geschenk Gottes.

Zu meinem christlichen Glauben gehört noch etwas: Das *solus Christus* („Christus allein") ist die weitere tragende Säule der Reformation, aus der die protestantischen Kirchen hervorgegangen sind. Und für viele heute ist sie offensichtlich die schwerste Hürde. Reden von Gott ist noch denkbar, ein allgemeines Gefühl für die mögliche Existenz Gottes ist spürbar. Jesus Christus aber ist eine Konkretion, eine Festlegung auf diesen Menschen, der zugleich wahrer Gott war. Warum scheuen viele das? Wer die Gleichnisse Jesu in der Bibel liest, die Erzählungen, die über

Jahrhunderte und Jahrtausende hinweg so verständlich geblieben sind, spürt etwas von der Kraft des Glaubens.

Natürlich machen diese Grundlagen einen Menschen nicht sofort völlig unabhängig vom Urteil anderer, das weiß ich wohl. Aber sie geben eine gewisse innere Freiheit, die unterscheidet vom Duckmäusertum. Der weite Raum macht dann nicht Angst, sondern er wird zur Herausforderung. Wenn ich weiß, wo ich stehe, weil ich bei Gott verwurzelt bin, weil Gott mich erdet, dann kann ich mich bewegen, egal, wie der Raum beschaffen ist. Dann muss ich meine Zweifel nicht verdrängen, aber auch nicht zum dauernden Zentrum meiner Existenz werden lassen. Wer reale Existenzbedrohungen erlebt, wird diese Säulen, diese Pfeiler dringend benötigen, um sie zu bewältigen und die innere Stabilität nicht zu verlieren. Deshalb gilt es, sie zu bauen und zu stärken für Zeiten der Not.

In einer Zeit, die immer wieder Orientierungslosigkeit beklagt und die Suche nach Werten thematisiert, in der sogenannten Fit-for-Fun-Gesellschaft, die den schnellen Kick sucht und sich an der Wankelmütigkeit erfreut, ist für mich das christliche Menschenbild ein gewichtiger Faktor. Es macht deutlich, dass der Mensch Geschöpf ist und nicht Schöpfer. Wenn Gentechnologen heute sagen: „Wir sind besser als Gott", dann ist das letztlich nichts Neues im Vergleich zur Geschichte vom Turmbau zu Babel, die in der Bibel, im Alten Testament steht. Und wo Stars enttäuschen, Politiker sich als korrupt erweisen, echte Helden eine Rarität sind, weiß der jüdisch-christliche Glaube etwas von der Verführbarkeit des Menschen seit Adam und Eva. Ein Christ, eine Christin wird deshalb nie vollkommen enttäuscht sein von den Fehlern anderer und auch nicht vom eigenen Versagen. Mir ist wichtig, dass das christliche Menschenbild gerade etwas vom Versagen und von der Verführbarkeit weiß.

Ebenso entscheidend ist: Dieses Menschenbild weiß etwas von der Gottebenbildlichkeit und deshalb der Menschenwürde jedes Menschen. Sie ist unverlierbar und erkennbar in dem sterbenden alten Mann wie in dem erfolgreichen Börsenmakler, in der cleveren Geschäftsfrau wie in dem schwerstbehinderten Mädchen. Gottes Zuwendung zum Menschen wurde in Jesus sichtbar und erfahrbar. Ohne Vorbehalte hat er sich den Aussätzigen, Frauen, Ausländern zugewandt, sie je einzeln wahrgenommen und ernst genommen: auch Kinder. Als Jesus sagte: „Lasset die Kinder zu mir kommen, und wehret ihnen nicht, denn solcher ist das Reich Gottes" (Markus 10,14), stellte er die traditionellen Ordnungen auf den Kopf. Vom Reich Gottes her betrachtet, haben Kinder einen ganz besonderen Wert, sie müssen nicht erst noch bedeutsam werden. Wir alle sollen vielmehr auch „das Reich Gottes" wie ein Kind wahrnehmen und empfangen (Markus 10, 15).[9]

Es ist so wichtig, Kindern die biblischen Geschichten zu erzählen, weil sie fundamentale Lebensweisheiten enthalten. Sie sind zugleich Zeugnisse des Glaubens vergangener Generationen und Jahrtausende. Sie sind Zeugnisse der Gottesbeziehung unserer Mütter und Väter im Glauben. Warum erzählen viele Menschen diese Geschichten nicht

---

[9] Vgl. Hans Ruedi Weber, Jesus und die Kinder, Hamburg 1980.

mehr, ja verachten sie geradezu? Meine älteste Schwester, Religionslehrerin, berichtet: „Du glaubst es nicht, diese fünfte Klasse hat noch nie etwas von der Josefsgeschichte gehört. Wenn ich sie erzähle, hängen sie mir fast an den Lippen und können es kaum erwarten, in der nächsten Stunde zu hören, wie es weitergeht!" Was können Kinder nicht alles lernen an dieser Geschichte aus der Bibel: über Geschwisterneid und Angeberei, über väterliche Verführbarkeit und Durchhalten in der Fremde, über Angst, über das Festhalten an eigenen Grundüberzeugungen, über familiäre Verbundenheit, die Verwundungen und Grenzen überschreitet und die zur Vergebung fähig ist. Warum Kindern das vorenthalten?

Ich mache einen Spaziergang mit meiner Tochter Lea. „Wo ist Gott?", will sie wissen. Ein Versuch seitens der Mutter: „Gott ist oben im Himmel, in den wunderbaren Wolken, die du siehst. Gott gehört die große Weite. Aber Gott ist auch mitten unter uns, umgibt uns wie die Luft, die wir atmen." – „Dann ist Gott also auch in den Blumen, in dir, in mir?", fragt Lea. Kinder können unglaublich schwierige Fragen stellen. Sie wissen intuitiv, dass es mehr gibt als das, was wir sehen. Sie sind offen für die Gottesfrage, die Erwachsene so gern ignorieren oder zu verdrängen suchen.

„Woher komme ich, und warum bin ich überhaupt da?", fragt mich Esthers kleine Freundin verzagt an einem Abend, an dem sie von Heimweh geplagt ist und offensichtlich über ganz Grundsätzliches nachdenkt. „Weißt _du_ das?" Es ist wichtig, ihnen ehrliche Antworten zu geben. Zu sagen, wo wir zweifeln, aber auch nicht nur das! Manchmal habe ich den Eindruck, Eltern überfordern ihre Kinder mit all den vielen Zweifeln, die sie selbst haben. Es ist klar, dass wir nicht alles wissen. Wer als Eltern etwas anderes behauptet, muss irgendwann vom Thron des oder der Allwissenden stürzen, und das ist für Kinder auch bitter. Aber es erscheint mir feige, nur zu sagen: Die Juden glauben dieses, die Christen jenes, die Muslime anderes. Als Mutter und als Vater wirst du gefragt: Was glaubst du? Deshalb muss ein Mensch, der Kinder erzieht, meines Erachtens die eigenen Fundamente klären.

Allzu viele Menschen haben keine Fundamente mehr. Sie verzagen am Leben, und viele sind offenbar so verloren, dass sie keinen Lebenssinn mehr finden, keine Lebenskraft mehr haben. Das wird beispielsweise erkennbar an der Suizidrate, die mir übrigens nahezu das bestgehütetste Geheimnis unserer Republik zu sein scheint. Für einen Vortrag bei der Deutschen Gesellschaft für Suizidprävention habe ich mir die Zahlen angesehen: Jeder vierte Tod eines Menschen unter 30 Jahren ist ein Selbstmord! Das halte ich für nahezu unfassbar. Und als ich gelesen habe, dass statistisch gesehen fast 14000 Menschen pro Jahr in Deutschland durch Suizid sterben, das heißt: alle 40 Minuten einer, war mir das fast unvorstellbar. Mit Blick auf die Stadt Hannover bedeuten diese Zahlen beispielsweise, dass im Jahr 1997 25 Verkehrstote zu beklagen waren, 21 Drogentote und 112 Suizidtote.[10] Wer diese Statistik wahrnimmt, fragt sich, warum der Suizid so verdrängt wird. Ende August 2001 springen drei Jungen, 14, 16 und 18 Jahre alt,

---

[10] Aus: Beratungsstelle Evangelische Jugend, Hannover.

von einer Brücke in den Tod. Hat davon wirklich niemand etwas gemerkt? Ignorieren wir, was sich im Internet tut in Sachen Aufforderung zum Selbstmord? Der Freitod Hannelore Kohls hat viele Diskussionen ausgelöst, manche nachdenklich gemacht.

Als Christin halte ich es für falsch, dem eigenen Leben selbst ein Ende zu setzen, weil es aus Gottes Hand kommt und nur Gott es nehmen sollte. Ich werde Menschen nicht verurteilen, die dies in Verzweiflung dennoch tun. Niemand aber sollte mit dieser Frage völlig allein sein.

Warum also wird öffentlich so wenig darüber gesprochen, warum gibt es höchstens einmal eine verstohlene Zeitungsmeldung oder eine Traueranzeige, aus der auf Suizid zu schließen ist? Suizid, das große Tabu unserer Gesellschaft? Mir erscheint es wichtig, gerade mit Jugendlichen über diese Fragen und damit über die Frage nach dem Lebenssinn zu sprechen! Besonders auch darum müssen Erwachsene im Gespräch mit Jugendlichen ihre Wurzeln, ihre Fundamente offen legen.

Wer Kinder erzieht, muss auch Antworten haben auf die Frage nach dem Tod, die Frage nach dem Leiden. Wer sich damit noch nie auseinandergesetzt hat, wird keine Antworten kennen. Das fängt schon „klein" an: Warum stirbt ein geliebtes Tier? Und wenn mit Blick auf Tiere so gefragt wird, umso drängender mit Blick auf Menschen. Wo sind sie, die Großväter, die unsere Kinder nie kennen gelernt haben? Alle Eltern wissen, wie gern Kinder „Geschichten von früher" hören. Schon mir selbst war als Kind die Heimat meiner Mutter Hinterpommern manchmal vertrauter als das Marburger Land, wo ich aufgewachsen bin. Als ich zum 75. Geburtstag meiner Mutter endlich mit ihr hinfuhr, war zwar manches – vor allem das Haus – viel kleiner als in meiner Vorstellung. Aber den „Brombeerwald", die „Puppenwiese", den Schlittenabhang hätte ich nahezu auf Anhieb erkannt. Auch meine Kinder wollten diese Geschichten wieder und wieder hören. „Großmutter, erzähl noch einmal, wie du in die Jauchegrube gefallen bist mit dem weißen Kleid." Ich musste lachen, als ich das hörte, weil ich als Kind diese Geschichte auch geliebt habe. Und die Geschichten vom Meer, von Köslin, vom Segeln. Freiheit, Landwirtschaft, Glück waren seitdem für mich immer mit dem Meer verbunden. Ob eine ostfriesische Insel, der Atlantik oder Polen, ohne Wasser keine Entspannung …

Mit Blick auf Fundamente, Wurzeln – Heimat – hat meine Mutter immer gesagt, Polen sei für sie Polen, mit all den Ansprüchen von so genannten Heimatvertriebenen habe sie nichts gemein. Ihre Heimat sei jetzt Hessen, aber sie habe eine glückliche Erinnerung an die Wurzeln ihrer Kindheit. Als ich Generalsekretärin des Kirchentages war, gab mir der ehemalige Kirchentagspräsident, Klaus von Bismarck, bei einem Abendessen ein Exemplar seiner Rede: „Die Freiheit des Christen zum Halten und Hergeben". 1954 wie in den Jahren danach war der Deutsche Evangelische Kirchentag als großes evangelisches Laientreffen Ort des Gottesdienstes, der Bibelarbeit, aber eben auch der Auseinandersetzung um gesellschaftliche Fragen. Mit Unterstützung Rudolf von Thaddens, dem Sohn des Kirchentagsgründers Reinold von Thadden-Trieglaff, habe ich verstanden, was die Vertriebenen nach dem Krieg bewegt hat.

Jene Rede berührt mich heute noch tief. Klaus von Bismarck sagte (1954!): „Mein Herz sucht in diesem Augenblick die Wiesen, die Felder und Bäume in meiner jetzt polnisch verwalteten Heimat in Pommern. Ich sehe keinen Weg – um offen und nüchtern zu sein –, dorthin zurückzugelangen ohne Krieg und neue große Schrecken. Ich will nicht zurück für diesen Preis. Es ist meine persönliche Meinung – die einige unter Ihnen vielleicht nicht übernehmen können –, dass wir vor Gott kein Recht darauf haben, das wiederzuerhalten, was er uns genommen hat ….“[11]

Die Begegnung mit denjenigen, die die Gründung des Kirchentages miterlebt haben, war wichtig für mich mit Blick auf Wurzeln. Aus der Erfahrung des Nationalsozialismus heraus ging es ihnen darum, Evangelische zum kritischen Urteil zu befähigen, damit sie nicht noch einmal in die Irre gehen. Auf der Fahrt mit meiner Mutter 1997 bin ich am von Bismarckschen und von Thaddenschen Gut vorbeigefahren, und jene Zusammenhänge der „Kirchentagsväter" bereits vor dem Zweiten Weltkrieg haben mich berührt.

Mein Großvater starb, nachdem er im Frühjahr 1946 in Köslin verhaftet wurde. Das gehört zu den Familiengeschichten, die mich als Kind verwurzelten mit der Familie meiner Mutter: Als der letzte Zug 1945 gen Westen fuhr, setzten bei meiner Tante die Wehen ein. Vater, Mutter, Tochter (die Schwester meiner Mutter) und drei Enkel blieben also zurück. Tanten gab es auch noch vor Ort. Alles lief zunächst

---

[11] Leipzig 1954, Ich will nicht zurück, in: Kirche in Bewegung, hg. v. R. Runge und M. Käßmann, Gütersloh 1999, S. 61.

ruhig, bis mein Großvater verhaftet wurde. Ein alter
Mann von damals schon fast siebzig Jahren. Erst viele
Jahre später erfuhr meine Großmutter von einem
Überlebenden, dass er auf dem Transport nach Sibi-
rien an Ruhr und Hunger gestorben war. – Warum ist
er gestorben? Wie seid ihr in den Westen gekommen?
Es waren spannende Abende mit meiner Mutter, meiner Großmutter, meinen Tanten. Das war besser als
jede Soap Opera! Sie sind alle im Westen irgendwie
angekommen, weil die Schwester meiner Großmutter in Hessen einen Förster geheiratet hatte. Im
Burgholzer Forsthaus bei Drubbas haben sie also alle
gehaust, 24 Menschen auf engem Raum. Als einer
meiner Cousins nach Lager und Flucht dort ankam
und die weiß bezogenen Betten in der kleinen Stube
sah, sagte er: „Mama, sind wir jetzt im Himmel?"
   Ich habe geschmunzelt, nein, ich war gerührt, als
meine Kinder mir diese Geschichten nach Wochenenden bei der Großmutter fast wörtlich wiederer-
zählt haben! Und über anderes musste ich auch laut-
hals lachen. Tante Mine war schon sehr alt, als ein
Teil der Familie in Köslin 1945/46 unter russischer
Besatzung und schwierigsten Umständen bleiben
musste. Sie starb – und alle hatten Angst, „die Russen" könnten eine Beerdigung verhindern. Also wurde sie bei Nacht und Nebel im Garten beerdigt – aber
„in allen Ehren"! Dass für meine Mutter die Vergangenheit bearbeitet ist, habe ich verstanden, als ein
junger Pole uns fröhlich zuwinkte, der aus dem Haus
von jener Tante Mine kam. „Wenn der wüsste, dass
Tante Mine unter seinen Kartoffeln liegt!", lachte sie.
   Die Wurzeln meines Vaters haben wir kaum entdeckt. Von ihm blieb eine Musiktruhe. Sein Großva-

ter hat solche Truhen gebaut, wunderschöne, mit Intarsien belegte Holzkisten, in denen ein Klangkörper verborgen ist, der aufgezogen werden kann und der noch heute Tanzmusik spielt. Als die Familie Hagen in Westfalen verlassen musste, hat nur diese Truhe Platz auf dem LKW gefunden. Die Schwester meines Vaters rannte damals noch einmal ins Haus, weil sie etwas vergessen hatte. Sie wurde von einer Bombe getroffen. Damit war nach dem Tod meiner Großmutter väterlicherseits – ich war drei Jahre alt – niemand mehr übrig von dieser Familienseite und dieser Familiengeschichte ...

Die eigenen Wurzeln zu kennen ist wichtig. Antworten zu kennen auf die Fragen „Wie war das?" „Wer waren meine Vorfahren?" – Als ich älter wurde, habe ich natürlich mehr über die Realität von Krieg und Flucht erfahren. Über den Versuch, in der Besatzungszeit einen Russen zu finden, der eine allein stehende Mutter vor Übergriffen anderer schützte. Über die Flucht mit Kinderwagen. Dass es – für uns Jugendliche völlig unverständlich – so wichtig war, die kostbaren Federbetten mitzunehmen. Die Internierung meiner Mutter in Dänemark habe ich allerdings erst im Jahr 1997 verstanden, als Berichte darüber in den Zeitungen erschienen. Dänemark, hatte ich bis dahin gedacht, ein zivilisiertes, demokratisches Land in Europa, warum konnte sie da nicht einfach ausreisen? Vieles ist nahezu unvorstellbar, fünfzig Jahre später ...

Fundamente kennen heißt, etwas über die eigenen Wurzeln, Grundüberzeugungen, den eigenen Glauben wissen. Deshalb verstehe ich sehr wohl die Kritik derer, die heute meine Initiativen für Babykörbchen und anonyme Geburt kritisieren. Sie erklären, dass es für ein Kind grausam ist, die eigenen Wurzeln nicht zu kennen. Das ist sicher wahr; mir scheint nur immer wieder im Verhältnis dazu das größere Gut das Leben an sich zu sein.

Noch ein Letztes zum Thema Wurzeln – und Sterben. Meine beiden schwersten Beerdigungen habe ich als ganz junge Pastorin in Spieskappel vollzogen. Die eine war die eines kleinen Mädchens. Ein liebenswertes Kind, ein Jahr jünger als unsere älteste Tochter. Es war ein Sterben ohne Schuldige, ohne Grund. Sie hatte eine schwere Erkältung, das Herz versagte. Sie starb auf dem Weg ins Krankenhaus. Die Eltern waren uns gut bekannt, wir haben manchen Abend miteinander verbracht. Bis heute gilt ihnen meine Hochachtung. Sie haben ihre tote Tochter nach Hause geholt. Das Mädchen wurde aufgebahrt in ihrem Kinderzimmer. In der einen Hand hielt sie einen Strauss Schneeglöckchen, in der anderen ihre Lieblingsbarbie. Sie war fünf Jahre alt geworden.

Als ich an ihrem Totenbett stand, versagte mir fast die Stimme; ich selbst war damals 28 Jahre alt. Alles, was ich sagen konnte, war ein Vaterunser, und ich war dankbar dafür, diese Worte so tief zu kennen, das ich nicht nach ihnen suchen musste. Das ist mir später noch oft so gegangen in Situationen von großem Leid oder Sterben. Da fehlen die Worte – und es ist gut, sich dann an eine Sprache erinnern zu können, die angemessen ist. Wohl dem, der einen Psalm kennt, wohl der, die ein Gebet weiß.

Wir haben die Kleine vom Hof zum Friedhof getragen. Viele Menschen waren versammelt. Ich habe in der Ansprache darum gerungen, Leben und Sterben zusammenzuhalten. Gott kennt unsere Namen, bevor wir geboren werden (Psalm 139), und bei Gott sind auch unsere Namen geborgen, wenn wir gestorben sind. Bis heute bewundere ich die Eltern. Sie haben den Tod ihrer Tochter im Glauben getragen und Teil ihres Lebens werden lassen. Das ist eine tiefe Glaubenshaltung und eine Lebensbejahung zugleich, die für viele ein Vorbild war und ist. Manchmal habe ich ihnen aber gewünscht, auch die Trauer noch mehr zuzulassen: Gott hört auch die Klage, das zeigt das Buch Hijob aus dem Alten Testament auf unnachahmliche Weise ...

Die andere Beerdigung, und ein anderes Extrem sozusagen, lag im gleichen Jahr. Ich kam von Fulda nach Hause, mein Mann war unterwegs auf Seniorenfreizeit. Kaum angekommen, informierte mich schon die Tagesmutter unserer Kinder: „Du musst ganz schnell auf den Friedhof!" Nach einigen Telefonaten stellte sich heraus: Unsere Hausärztin hatte einen alten Mann in seiner Wohnung vorgefunden, bei voller Heizung, offenbar zehn Tage nach seinem Tod. Aus hygienischen bzw. seuchenrechtlichen Gründen musste er so schnell wie möglich unter die Erde. Verwandte waren nicht zu finden. Also fuhr ich zum Friedhof, der bekannte Beerdigungsunternehmer (zum Glück geht auf dem Dorf alles etwas persönlicher zu!) holte mich ab und sagte: „Sie werden schnell beten müssen." Die Friedhofswärter standen in gebührendem Abstand, als ich zum Grab ging. Und während ich näher kam, verstand ich endlich, was los war. Verwesungsgeruch ist unglaublich stark! (Seitdem habe ich allergrößten Respekt, wenn ich im Fernsehen sehe, wie Menschen in Katastrophengebieten

Leichen beseitigen.) Ich habe die kürzestmögliche Zeremonie gehalten. Kaum war das Amen gesprochen, kamen die Arbeiter und haben das Grab zugeschüttet. In diesem Fall gab es nichts mehr. Ein Leben ausgelöscht, niemand, der trauert, keine Verbindungen, keiner, der ihn vermisste – das ist unendlich traurig.

Der Tod hat viele Gesichter! Wir müssen ihn ansehen, um auskunftsfähig zu sein! Ich bin überzeugt, dass es die Angst vor dem Tod nimmt, wenn wir Sterbende begleiten, wenn wir den Tod kennen lernen. Gerade deshalb ist mir die Hospizbewegung so wichtig. Ja, wir erfahren auch etwas über uns selbst, wenn wir Sterbende begleiten. In Simone de Beauvoirs Text *Ein sanfter Tod* erzählt sie, wie sie vom Sterbebett ihrer Mutter nach Hause kommt und ihr Lebensgefährte Jean-Paul Sartre sagt: „Du siehst aus wie deine Mutter." Es stimmt: Mit dem Tod anderer lernen wir auch uns selber und unsere Fundamente besser kennen.

Mich persönlich ermutigt eben jene Glaubensüberzeugung, dass Gott den Tod kennt, zu einem offenen Umgang mit dem Tod. Jesus selbst hat Leiden und Sterben erfahren. Wenn wir uns ihm im Sterben anvertrauen, reden wir nicht „mit einem Blinden über die Farbe", sondern mit einem Kenner der Materie.

Und wir können unseren Kindern vom Tod erzählen ohne Panik und Vertuschen. Ich halte es für einen großen Fehler, Kinder nicht mitzunehmen zu Beerdigungen. Eine Beerdigung ist der Ort und der Zeitpunkt des Abschiednehmens. Sicher, da wird geweint – und das ist gut so! Warum sollen Kinder denn nicht sehen, dass Erwachsene trauern? Viel zu oft werden inzwischen die Beteiligten geradezu gedopt, damit ihre Trauer nicht zum Ausdruck kommen kann. Hinterher fragen sie dann, ob die Beerdigung überhaupt stattgefunden hat, sie können sich kaum erinnern. Da ist die arabische Klagekultur menschenfreundlicher: Es darf laut geklagt werden. Und das reinigt die Seele.

Auch ein kleines Kind versteht eine Beerdigung, das ist meine Erfahrung. Natürlich wird es fragen, warum der Opa in der Erde liegt, was nun mit ihm ist. Und da geht es darum, Antworten zu wissen. Wer sagen kann, dass der Körper wieder zu der Erde wird, aus der wir gemacht sind, die Seele aber bei Gott geborgen ist, wird einem Kind eher Ruhe und Zuversicht geben als jemand, der es mit seinen verängstigten Vorstellungen und abgrundtiefen Phantasien, wo der Opa geblieben sein mag, allein lässt. Unsere Seele ist unvergänglich. Sie wird bei Gott geborgen sein, unvergessen. Den Körper müssen wir alle irgendwann loslassen, er ist vergänglich. Aber etwas bleibt. So wie ein Mensch denen im Gedächtnis bleibt, die ihn geliebt haben, so bleibt jeder Name erhalten bei Gott.

Eltern ermutigen

Wenn ein Kind geboren wird, ist das in aller Regel ein freudiges Ereignis. Geburtsanzeigen zeugen reihenweise davon: *„Unser Glück ist perfekt"*, *„Jonathan hat ein Schwesterchen bekommen. Wir freuen uns"*, *„Etwas Schöneres im Leben konnte es für Mama und Papa nicht geben"*, *„Unser Sohn Ruben ist da!"* Geburten bei berühmten Zeitgenossinnen werden von der Regenbogenpresse zu süßlichen, ergreifenden Geschichten vom jungen Mutterglück und reizenden

Wonneproppen. Wenn Madonna ein Kind bekommt, die Schwangerschaft von Steffi Graf bekannt wird, dann läuft ein ganzer Apparat von Berichterstattung an – seriöser und weniger seriöser.

Und es ist ja wahr: Die Geburt eines Kindes ist ein wunderbares Ereignis! Sie ist für viele Menschen ein Sinnbild von Glück. Aber auch das andere stimmt: Eine Geburt ist auch ungeheuer irritierend, sie bringt das Leben durcheinander. Da wird eine Frau zur Mutter, ein Paar wird zu Eltern. Eine Freundin erzählt, sie habe nach der Geburt des ersten Kindes den Babywagen durch die Unistadt geschoben und nahezu in Panik gedacht: „Das halte ich nicht aus, das packe ich einfach nicht … Und doch: wenn Tausende andere Frauen das schaffen, muss ich das doch auch irgendwie können!" Neben dem ungeheuren Glücksempfinden nach der Geburt eines Kindes kann eben auch dieser Schock kommen. Angebunden sein für den Rest meines Lebens – oder doch zumindest für die nächsten zwanzig Jahre! Keine ruhige Nacht mehr: am Anfang, weil die Kinder vor Hunger oder Unbehagen schreien, später, weil sie wegen Schulängsten nicht einschlafen können und schließlich, weil sie nicht pünktlich von der Party nach Hause kommen. Der Schreck vor der eigenen Festlegung durch Elternschaft kann tief sitzen: Warum hat uns das keiner gesagt?

Mit dem ersten Kind kommt oft die erste große Krise eines Paares. Statistisch ist erwiesen, dass unter jungen Paaren heute eine partnerschaftliche Arbeitsteilung in der Regel wirklich praktiziert wird. Sobald aber das erste Kind geboren ist, folgt ein Rückfall in traditionelle Rollenmuster, der die Partner-

schaft massiv belasten kann. Schon bei der Ehe-
schließung reduziert sich die Bereitschaft von Männern, im Haushalt mitzuhelfen, um die Hälfte, so
eine Allensbach-Studie (1999). Sobald ein Kind geboren ist, sinkt die partnerschaftliche Beteiligung der
Männer im Haushalt auf jeden zehnten, bei der Geburt des zweiten Kindes auf jeden vierzehnten! Isola-
tion junger Mütter nach der Einbindung in einen Beruf, mangelndes Verständnis für den anstrengenden
Alltag mit Kleinkind und wenig Unterstützung
durch den Partner, psychische Überforderung aufgrund der strahlenden Mutterbilder etwa aus der
Werbung, die so wenig mit dem eigenen Gefühl zu
tun haben: das können Ursachen dafür sein, dass
junge Paare sich am häufigsten drei bis vier Jahre
nach der Geburt des ersten Kindes scheiden lassen.[12]
Meist folgt das Schicksal allein erziehender Mütter:
Geldknappheit und/oder Balanceakt zwischen Kindern und Berufstätigkeit.

Mutterschaft wird gleichzeitig scheinbar ganz neu
zum Mythos. Der *Spiegel* titelt „Der neue Mutter-
stolz. Kinder statt Karriere" (20/2001). Die Frauen-
rechtlerin und Herausgeberin der Zeitschrift *Emma*,
Alice Schwarzer, schreibt: „Ihr chronisch schlechtes
Gewissen treibt sie in eine permanente Verfügbar-
keit. Doch dieses Gewissen kann nie beruhigt werden, denn keine Frau kann eine so gute Mutter sein,
wie sie es heute sein soll. Und diese Rund-um-die-
Uhr-Mutterschaft macht nicht nur die Frauen atem-
los, sondern entmündigt und verblödet auch die
Kinder. Sie werden nicht selten durch die ‚Übermut-

---

[12] Vgl. Alice Schwarzer, Der große Unterschied, Köln 2001, S. 208 f.

terung' an eigenen Erfahrungen und lebendigem Lernen gehindert. Das war nicht immer so."[13]

Während ich persönlich mit meinem Mann je nach Lebenssituationen einen Weg gefunden habe, Berufstätigkeit und Kindererziehung zu verbinden, habe ich immer wieder erlebt, dass ich vor mir selbst geschützt werden sollte und meine Kinder bedauert wurden. In den zwanzig Jahren unserer Ehe waren wir zunächst mit einem Kind beide im Studium bzw. Vikariat, der Ausbildung zum Pfarrer und zur Pfarrerin. Danach gab es Jahre, in denen mein Mann ganztags berufstätig war und ich entweder im Erziehungsurlaub oder halbtags erwerbstätig war. Und es gab Jahre, in denen er Erziehungsurlaub hatte oder Halbtagsstellen. Das hat sich mit Blick auf das Ganze die Waage gehalten. Rabenmuttervorwürfe haben mich immer überrascht (wobei ich erst kürzlich meiner jüngsten Tochter die Frage beantworten konnte, was die Vorwürfe mit den Raben zu tun haben). Und doch bin ich ihnen immer wieder begegnet. Da war die Erfahrung in Genf beim Ökumenischen Rat der Kirchen. 1983 war ich als jüngstes Mitglied in den Zentralausschuss, das jährliche Leitungsorgan dieser Organisation von mehr als 300 Kirchen evangelischer und orthodoxer Tradition aus 126 Ländern, gewählt worden. Bei einer der Sitzungen begrüßte mich der neue Leiter der Abteilung für Gerechtigkeit, Frieden und Bewahrung der Schöpfung: „Sie sind also die, die wegen ihrer Kinder nicht in der Leitungsgruppe mitmachen kann." Meine verwunderten Nachfragen ergaben, man habe ihm zurückgemeldet, mit drei klei-

---

[13] Ebd. S. 219.

nen Kindern käme ich für diese Position nicht in Frage – ohne mit mir darüber zu sprechen! Das hat solchen Ärger bei mir und anderen erzeugt, dass die Entscheidung rückgängig gemacht wurde. Später dann, bei meiner Vorstellung beim Präsidium des Deutschen Evangelischen Kirchentages als neue Generalsekretärin (der Präsident wählt den Kandidaten bzw. die Kandidatin aus und sucht das Einvernehmen mit dem Präsidium) hat in dem zweistündigen Gespräch weniger meine theologische Qualifikation als die Vereinbarkeit von Kindererziehung und diesem Amt eine Rolle gespielt. Und auch bei der Wahl zum Bischofsamt war wiederum die Frage, ob meinen Kindern dieses Amt zuzumuten sei, von zentraler Bedeutung – mein Mitbewerber hat fünf Kinder, ihm wurde die Frage offenbar nicht gestellt. Was geschieht da eigentlich? Wird ein traditionelles Mutterbild projiziert? Oder wird einer Frau nicht zugetraut, verantwortlich zu entscheiden?

Beim Versuch, das Gleichgewicht zu halten zwischen Familie und Beruf, liegt die Kunst meines Erachtens für die Betroffene darin, zwischen dem eigenen schlechten Gewissen und den Vorstellungen, die andere vom rechten Muttersein haben, zu unterscheiden. Wenn heute zur Familie ermutigt werden soll, geht das nicht mit alten Rollenklischees. Anfragen wie jüngst die der Journalistin Susanne Gaschke, die letzten Endes berufstätige Frauen haftbar macht für die Erziehungskrise, wenn sie über *Die Erziehungskatastrophe* schreibt[14], übersehen, dass die Realität längst eine andere ist. Ge-

---

[14] Vgl. Susanne Gaschke, Die Erziehungskatastrophe, Stuttgart 2001.

wiss muss Erziehung als Leistung auch eingefordert werden, aber es muss genauso anerkannt werden, dass sie unter enorm schwierigen Bedingungen stattfindet.

Immer mehr Frauen sind freiwillig oder unfreiwillig Alleinerziehende. Für sie stellt sich die Frage nach der Vereinbarkeit von Kindern und Beruf in der Regel gar nicht. Sie müssen erwerbstätig sein, einfach um des finanziellen Auskommens willen – da geht es nicht um Luxusfragen! Und weil es wenig Krippenplätze, zeitlich eng gestrickte Kindergartenplätze und kaum Ganztagsschulen gibt, arbeiten Alleinerziehende auf schlecht bezahlten Stellen.

Da ist zum Beispiel die Frau, die zwei Mädchen allein großzieht und endlich in einer Bäckerei eine Stelle gefunden hat. Die Töchter, erstes und drittes Schuljahr, müssen allein aufstehen, der Wecker klingelt, Frühstück und Schulbrote stehen bereit. Die Mutter muss um 5.30 Uhr morgens bei der Arbeit anfangen und darauf vertrauen, dass die beiden pünktlich losgehen. Wenn unsere Tochter diese Freundin einladen will, geht das nicht samstags: Da wird in der Familie geschlafen und geputzt ...

Ähnliches gilt für eine Journalistin. Wir plaudern locker, sie moderiert eine Frühsendung, in der ich interviewt werde. „Wie machen Sie das mit vier Kindern?", fragt sie, während wir darauf warten, auf Sendung zu gehen. Ich erzähle ein wenig, dann frage ich nach, und es stellt sich heraus, dass sie allein zwei Kinder großzieht. Sie weckt die Kinder per Telefon, sie machen sich fertig, auf die beiden ist Verlass! „Abends gehe ich mit ihnen um acht Uhr ins Bett", sagt sie, „das ist einfach." Ich frage mich: was wird später sein, wenn sie bis zehn Uhr fernsehen wollen? Und ich denke: tapfere Frau!

Noch ein drittes Beispiel aus meinem Umfeld. Die Frau arbeitet Schicht, eine Tochter ist in der Schule, ein Sohn im Kindergarten. Um neun Uhr abends muss sie los zur Arbeit, eine Cousine babysittet für Taschengeld. Um sieben Uhr früh kommt sie heim, weckt die Kinder, macht Frühstück, bringt sie auf den Weg, schläft, bis die beiden nach Hause kommen. Wie lange wird die Kraft reichen?

Aber dieser Balanceakt gilt eben nicht nur für Alleinerziehende. Auch Mütter, die in Partnerschaften leben, müssen ihn jeden Tag neu als Herausforderung annehmen. Wissen die Menschen in unserem Land eigentlich, was Mütter leisten? Wenn Orden und Anerkennung für unermüdlichen Einsatz verliehen werden, dann gehören sie diesen Frauen. Um der *political correctness* willen müssen natürlich auch die allein erziehenden Väter genannt werden. Mein Respekt für sie; aber es sind prozentual noch immer verschwindend wenige! Jedenfalls sehe ich allerorten Mütter und Väter, die sich hundertprozentig für ihre Kinder einsetzen und alles tun, um ihnen eine schöne Kindheit, Orientierung und Ausbildung zu geben. Wo wird das eigentlich einmal gewürdigt?

Der Mut zum Kind sinkt rapide in Deutschland. In nur 24,6 Prozent der deutschen Haushalte leben heute Menschen unter 18 Jahren, das heißt nur in einem knappen Viertel der Haushalte leben noch Kinder. In einer Stadt wie Hannover sind es noch 14 Prozent. Die Geburtenrate in Deutschland ist von 35,6 je 1000 Einwohner im Jahr 1900 auf 9,2 im Jahr 2000 abgestürzt.

Es ist die schönste und beste Situation für das Aufwachsen eines Kindes, wenn beide Eltern als Paar zusammen sind, es umsorgen, und vielleicht noch Geschwister und Großeltern. Das ist allerdings längst nicht mehr Normalität in Deutschland. „Jedes dritte Kind unter 18 Jahren wächst als Einzelkind auf, die Zahl der Alleinerziehenden nahm im vergangenen Jahrzehnt um 32 Prozent zu, mehr als jede dritte Ehe wird geschieden. Was einst als Geschlechterkampf für eine bessere Zukunft begann, droht der Erziehungsinstanz Ehe vollends den Garaus zu machen."[15] Und: bei aller Gleichberechtigung und bewussteren Vaterschaft auf Seiten der Männer nehmen noch immer nur 1,5 Prozent der berufstätigen Männer Erziehungsurlaub. Das ist ganz verständlich, solange gesellschaftliche Akzeptanz, berufliche Anrechnung und finanzielle Bedeutung so minimal sind. Das nämlich sind die Kriterien für Anerkennung in unserer Zeit. Und: „Ehefrau mit drei reizenden Kindern sind für einen männlichen Kandidaten ein gutes Aushängeschild. Bei Frauen dagegen wird familiäres Engagement zum Minuspunkt."[16]

In einer Gesellschaft der Globalisierung, die von ihren Mitgliedern Mobilität erwartet, wird es offensichtlich schwerer, verlässliche Partnerschaft zu praktizieren. „Was den Trennungsgebeutelten als persönliches Versagen erscheint, erweist sich als das Versagen eines Familienmodells, das eine männliche Arbeitsbiographie mit einer lebenslangen Hausfrau-

---

15 Ulrich Clauss, Familie in Not, Die Welt, 8.12.2000.
16 Petra Begemann, Familie ist für Männer ein Vorteil und für Frauen ein Minuspunkt, FR 11.8.2001.

enexistenz zu verzahnen wusste, nicht aber zwei Arbeitsmarktbiographien."[17]

Während staatliche Familienförderung in der Regel eine Unterstützung des beruflichen Ausstiegs der Frau belohnt, belegen Studien, dass ein kompletter beruflicher Ausstieg der Frau oft Depressionen bei beiden Partnern zur Folge hat.[18] Es ist gewiss ein richtiger und wichtiger Schritt, dass das Bundesverfassungsgericht im April 2001 urteilte: Wer Kinder aufzieht und so zur Sicherung der nächsten Generation beiträgt, muss entlastet werden bei den Beiträgen zur Kranken-, Renten- und Pflegeversicherung.

Aber ob das wirklich Zögernde zum Kind ermutigt? Müsste sich nicht etwas ändern im Berufsalltag? Flexiblere Arbeitszeiten für Frauen und Männer, Betriebskindergärten. Flexible Kinderbetreuung statt des nervenaufreibenden Spagats jeder einzelnen Familie. Hortplätze, verlässlich betreute Grundschulen, Ganztagsschulen. Es grenzt an Ideologie, wie wenige es davon in Deutschland gibt – ganze vierzehn Hortplätze auf 1000 Kinder in Bayern! Wo ist da die Lobby für die Familie? In Frankreich wächst doch auch nicht eine Generation von Chaoten auf, nur weil es dort ein hervorragendes Netz aus Kinderbetreuungsangeboten gibt! Notwendig ist eine kinderfreundliche Infrastruktur, um Eltern zu ermutigen.[19]

Und selbstverständlich geht es um eine spürbare finanzielle Entlastung. Mich ärgert immer wieder, dass die Preise für einen Urlaubsaufenthalt mit Be-

---

[17] Ein Segen für die Familie, Der Spiegel 15/2001, S. 100 ff., 112.
[18] Vgl. ebd.
[19] Vgl. Mehr Geld erhöht nicht die Geburtenrate, Interview mit Wassilios Fthenakis, Focus 21/2001, S. 91 ff.

ginn der Schulferien rapide ansteigen. Und: Wie kann es sein, dass das Kindergeld mit der Sozialhilfe verrechnet wird, während Menschen mit Einkommen es zusätzlich zum Gehalt einnehmen? Wer konzipiert Steuerfreibeträge, die hauptsächlich Familien mit hohem Einkommen zugute kommen?

Und darüber hinaus? Die Vereinzelung der Menschen macht es für alle Erziehenden schwerer, die Erziehungsleistung zu erbringen. Ein Netz von Verwandten am gleichen Ort kann manchen Engpass überwinden helfen. Und es kann auch andere entlasten, weil die Erziehung nicht durch einen einzigen Menschen erfolgt. „Während elterliches Erziehungswissen häufig aus Büchern angelesen ist, steckt in großelterlicher Bildung die Weisheit des gelebten Lebens …"[20] Das Familiennetz wird heute immer kleiner. Kinder von Eltern, die selbst Einzelkinder waren, haben keine Tanten und Onkel mehr. Und die mobile Gesellschaft verteilt traditionelle Familienverbünde über Länder, ja Kontinente. Warum ist es zum Beispiel nicht möglich, als Alternative zur Familie vor Ort „Großelternbörsen" anzubieten, bei denen Ältere, die das Berufsleben hinter sich haben, die Großelternrolle übernehmen: mal ein Spaziergang, mal einspringen im Notfall? Warum ist das anscheinend so problematisch? Warum kann die Nachbarin, der Nachbar nicht gefragt werden, ob er oder sie aushelfen, wenn die Masern ausbrechen, der Dienstplan aber nicht flexibel ist? Die Vereinzelung zu durchbrechen, scheint mir

---

[20] Jan-Uwe Rogge, Von Wurzeln und Flügeln, Die Woche 3.8.2001, S. 32.

ein ganz wichtiger Faktor für Kinderfreundlichkeit einer Gesellschaft zu sein.

Und es wird darum gehen, unterschiedliche Lebensentwürfe zu respektieren. Nicht jede und nicht jeder wird Kinder haben. Viele Frauen heute, die lange Jahre in ihre Ausbildung investiert haben, wollen zunächst berufstätig sein, verpassen vielleicht den richtigen Zeitpunkt für ein Kind oder entscheiden sich bewusst gegen Kinder. Sie werden allzu leicht dafür verurteilt. Wer wollte es ihnen verübeln, wenn es so schwer ist, Beruf und Kind zu vereinbaren in diesem Land? Verschiedene Lebensentwürfe von Frauen können nebeneinander Platz finden, ohne diskriminierende Verurteilungen.

Zudem: Nicht alle Eltern werden in einer Ehe leben. Gerade für die Kirchen ist das oft schwer akzeptabel. Aber warum sollte eine werdende Mutter eine Ehe eingehen, wenn sie erkennt, dass sie mit diesem Partner keine gemeinsame Lebensbasis hat? So sehr ich weiß, dass dies für traditionell denkende Menschen missverständlich klingt: besser, die Frau hat Eltern, Nachbarn, Freundinnen, die ihr helfen, als der Zwang zur „Muss-Ehe", die von vornherein zum Scheitern verurteilt ist. Ich muss bei diesem Thema immer an den Vater von Astrid Lindgren denken, der, als er von der Schwangerschaft der 19jährigen Astrid erfuhr, sehr lebensklug meinte, dass zu einem Unglück – dem der ungewollten Schwangerschaft – ja nicht noch ein zweites, das einer unglücklichen Ehe, kommen müsse. Allein erziehende Mütter müssen besonders unterstützt und nicht etwa scheel verurteilt werden. Und es muss deutlich werden: Alleinerziehen führt nicht automatisch zum Problemkind.

Ich weiß sehr wohl, dass viele heute den – wieder – neuen Trend propagieren „*true love waits*". Wie sollte es auch eine amerikanische Welle geben, von der wir verschont blieben? Auch wenn diese Kampagne zur sexuellen Enthaltsamkeit „das erste Mal" um drei Jahre verzögern soll – gegen Teenager-Schwangerschaften hilft nur konsequente Aufklärung. Denn auch das zeigen eben die gegenüber sexueller Aufklärung in vielen Schulen so ablehnenden Vereinigten Staaten: Nirgends in der „westlichen Welt" gibt es so viele Teenager-Schwangerschaften wie dort. 1999 brachten Minderjährige in den USA 474 745 Babys zur Welt, fast eine halbe Million Mädchen trieb ab.[21]

Und schließlich gibt es immer mehr Paare, die keine Kinder haben können. Kann ihnen geholfen werden, das anzunehmen? Immer öfter geraten sie unter Druck, ein Kind technisch möglich zu machen. Wer kennt die Abgründe, die mit einer In-vitro-Fertilisation verbunden sind? Was heißt es für ein Paar, immer und immer wieder den richtigen Zeitpunkt abzupassen? Da bleibt die Liebe leicht auf der Strecke. Für eine Frau ist es wie gesagt hochbelastend, den Hormonspiegel zu manipulieren und Eizellen zu entnehmen.

Die schöne neue Welt der Technologie erzeugt die Illusion, als gebe es ein Recht auf ein Kind, noch dazu auf ein gesundes Kind. Gleichzeitig führt sie in unglaubliche Absurditäten, von denen niemand weiß, wie sie zu verkraften sind! Nunmehr soll, so melden die Medien im Juli 2001, auch ermöglicht werden, ein Kind ohne männliche Samenzelle zu komponieren

---

[21] Vgl. idea Nr. 90/2001, 9.8.2001.

(oder wie will das genannt werden?). Eine 61-Jährige trägt das Kind ihres Bruders aus, befruchtet mit der Eizelle einer Leihmutter, die ihrerseits ein weiteres Kind mit einer solchen Samenzelle gebiert. Ist das, bei Gleichaltrigen, dann ein Zwilling von zwei Müttern? Ein amerikanisches Ehepaar gibt einer Leihmutter den Auftrag, den Embryo aus einer ausgewählten Ei- und einer ausgewählten Samenzelle auszutragen. Als das Kind geboren wird, hat sich das auftraggebende Paar scheiden lassen. Wer sind die Eltern dieses Kindes? Einer der Auftraggeber, die Leihmutter, Samenspender oder Eizellenspenderin? Auch ein Kind kann zum Abgott werden ...

Bei der Präimplantationsdiagnostik soll Behinderung ausgeschlossen werden durch Selektion „kranker" Embryonen. Es gibt bereits manche Befürchtung, dass dadurch die In-vitro-Fertilisation nicht Ausnahme bei ungewollt Kinderlosen bleibt, sondern von Paaren genutzt wird, um Behinderungen zu erkennen. Behinderungen aber entstehen nicht allein aufgrund genetischer Anlagen. Wer garantiert, dass ein Kind nicht unter der Geburt Sauerstoffmangel erleidet? Es gibt kein Recht auf ein Kind und auch kein Recht auf ein gesundes Kind. Ein junger Vater, dessen zweites Kind an Downsyndrom leidet, sagte: „Zuerst habe ich gedacht: warum ich? Heute denke ich manchmal: warum eigentlich ich nicht?"

Und es wird immer wieder, trotz aller Aufklärung und aller Verhütungsmethoden, ungewollte Schwangerschaften geben. Auch da gilt es, Mut zum Kind zu machen. Stellen wir uns Folgendes vor:
- Ein junges Mädchen wird schwanger. Der Freund ist, wie sie, fünfzehn. Sie trauen sich nicht, sich

den Eltern oder Lehrern oder anderen anzuvertrauen. Können wir uns ihre Angst vorstellen? Wohin gehen sie mit ihren Fragen und Sorgen?

– Eine Frau ist Mutter von zwei Kindern. Der Mann ist arbeitslos, es reicht hinten und vorne nicht, Aggression und Schläge prägen den Alltag. Da wird sie schwanger. Sie trägt weite Blusen, verheimlicht die Schwangerschaft. Und schließlich setzen die Wehen ein. Was tun? Im Keller des Hauses bringt sie das Kind zur Welt, ganz allein. In Panik durchtrennt sie die Nabelschnur und sucht nach einem Ort. Wohin mit dem Kind?

– Eine Frau ist illegal in Deutschland, sie hat keine Papiere, keine Aufenthaltsgenehmigung, keine Krankenversicherung. Sie bekommt ein Baby. Wohin?

Ich hoffe, die rechtlichen Hürden sind bald genommen, und wir können diesen Frauen die anonyme Geburt anbieten, damit sie nicht mutterseelenallein gebären müssen! Und ich bin sicher, die finanziellen Mittel dafür werden sich finden lassen.

Vierzig Kinder werden in Deutschland pro Jahr ausgesetzt aufgefunden. Die Dunkelziffer kennt nur Gott. Vierzig Kinder, von denen zwanzig überleben. Deshalb bin ich wirklich glücklich, dass wir am 5. März 2001 in der hannoverschen Landeskirche offiziell das „Netzwerk Mirjam" in Dienst stellen konnten. Die Idee hierzu entstand, als deutlich wurde, dass die römisch-katholische Kirche die Schwangerschaftskonfliktberatung insofern verlässt, als sie keine Beratungsscheine mehr ausstellen wird. Mich hat die Frage umgetrieben: Wie können wir in der Schwangerschaftskonfliktberatung inklusive der Ausstellung eines Beratungsscheines bleiben und gleichzeitig deutlich machen, dass wir den Lebensschutz nicht auf die leichte Schulter nehmen? Denn unsere evangelische Kirche will, wie es das Netzwerkmotto sagt, „Leben schützen, Leben bewahren und zum Leben ermutigen".

Ergebnisoffene Schwangerschaftskonfliktberatung wird von der evangelischen Kirche in Deutschland in allen 24 Landeskirchen angeboten. Dabei wird versucht, einen Weg mit dem Kind aufzuzeigen, aber, wie es in der Denkschrift „Gott ist ein Freund des Lebens" heißt: „Wir werden auch die Frau achten, die sich für eine Abtreibung entscheidet".[22] Das ist allerdings bei weitem nicht alles. Wir haben vielfältige Formen und Hilfsangebote für Frauen im Schwangerschaftskonflikt, für Mütter mit ihren Kindern. Diese schon vorhandenen Hilfsangebote haben wir in einem Netzwerk miteinander verknüpft: dem Netzwerk „Mirjam".

Erinnern wir uns an die Geschichte aus der Bibel, dem 2. Buch Mose. Mose wird geboren zu einer Zeit, als sich die Nachkommen der Israeliten, die in Ägypten lebten, stark vermehrten. Aus Angst vor der großen Zahl von Fremden im Land sagt der König von Ägypten zu den Hebammen Schifra und Pua: „Wenn ihr den hebräischen Frauen helft und bei der Geburt seht, dass sie einen Sohn zur Welt bringen, so tötet ihn" (2. Mose 1,16). Spannend ist hier zunächst, dass die Hebammen Gott mehr fürchten als den Pharao und deshalb in einer Form von aktiver Gewaltfreiheit oder subversivem Ungehorsam einfach sagen: „Die

---

[22] Vgl. Gott ist ein Freund des Lebens, Gütersloh 1989.

hebräischen Frauen sind nicht wie die ägyptischen, sie sind kräftige Frauen. Ehe die Hebamme zu ihnen kommt, ist das Kind bereits auf der Welt." Zwei starke Frauen sind das, die dem Töten widerstehen.

Mose wird also geboren, und seine Mutter will ihn verbergen. Sie macht, wie es in der Bibel heißt, ein „Kästlein von Rohr", ein Körbchen also, das sie mit Harz und Pech verklebt, sie legt das Kind hinein und setzt es am Ufer des Nils aus. Seine Schwester Mirjam sieht aus einiger Entfernung zu, wie es ihm ergeht, und findet heraus, dass die Tochter des Pharao es findet und annimmt. Mirjam ist mutig, sie geht hin und sagt: „Soll ich hingehen und eine der hebräischen Frauen rufen, die da stillt, dass sie das Kindlein stille?" Die Tochter des Pharao stimmt zu. So findet Mirjam eine Hilfskonstruktion für leibliche Mutter und Adoptivmutter. Die Mutter des Mose kann ihn stillen, und schließlich wird die Tochter des Pharao ihn aufziehen. Leibliche Mutter, Kind und Adoptivmutter finden eine Möglichkeit, mit dem Konflikt fertig zu werden.

Diese Absicht steht auch hinter dem Projekt „Mirjam": Es will Frauen Mut machen, ihr Kind zu bekommen, durch konkrete Hilfsangebote wie Wohn- und Ausbildungsmöglichkeiten mit dem Kind, Adoptions- und Pflegekinderfachdienst – und schließlich durch das Babykörbchen, das einer Frau in allerhöchster Not die Möglichkeit gibt, ihr Kind anonym abzugeben in sichere Hände.

Ich weiß sehr wohl (s.o.), dass Kritikerinnen und Kritiker meinen, hier werde Anonymität angeboten, die ein Kind ein Leben lang belasten kann. Aber ich bin gewiss, dass keine Frau freiwillig ihr Kind abgibt.

Und sollte eine dies unter Druck oder unüberlegt tun, hat sie in der Bundesrepublik Deutschland laut Gesetz acht Wochen Zeit, es zu widerrufen. Acht Wochen sind eine lange Zeit! – Über eine Notrufnummer kann die Frau sich in diesen acht Wochen melden und sich zu ihrem Kind bekennen, ohne dass dies rechtliche Folgen hätte.

Für das Kind aber ist es auf jeden Fall wichtig, eines Tages zu wissen: meine Mutter hat mich nicht hilflos zurückgelassen, sondern alles getan, damit ich in sichere und geborgene Hände gelange. Das kann ein Trost sein, so bitter es ist, die leiblichen Eltern nicht zu kennen.

Wo kommen wohl diese vierzig Kinder, die wir finden – und die Dunkelziffer ist, wie gesagt, wesentlich höher – zur Welt? Kein einziges der aufgefundenen Kinder wurde fachgerecht abgenabelt. Stellen wir uns das vor: neun Monate eine Schwangerschaft verbergen. Verheimlichen. Den Bauch schnüren, weite Kleider tragen. Und dann kommt der Zeitpunkt der Wehen, die Fruchtblase platzt. Ungeheure Kräfte bemächtigen sich des Körpers. Das Kind kommt zur Welt, niemand soll es sehen. Frauen verziehen sich in einen Keller, auf eine Toilette und bringen unter den unglaublichsten, unhygienischsten Situationen Kinder zur Welt. Das darf meines Erachtens nicht sein. Deshalb unterstütze ich die Initiative für eine anonyme Geburt. Es ist ungesetzlich nach derzeit geltendem Recht, dies anzubieten, aber ich freue mich, dass das Land Niedersachsen und auch die Bundespolitik zugesagt haben, hier nach Lösungen zu suchen.

Weil es furchtbar sein muss, ein Kind unter gesundheitsgefährdenden Bedingungen heimlich irgendwo zur Welt zu bringen, soll es im „Netzwerk Mirjam" in Zukunft auch diese Möglichkeit zur anonymen Geburt geben. Das ist sozusagen der letzte fehlende Knoten, der das Netz tragfähig macht. Gewiss haben Kritikerinnen und Kritiker Recht: Es ist gut für ein Kind, die eigene Herkunft zu kennen. Aber: Ich bin überzeugt, zutiefst überzeugt als Christin, dass es wichtiger ist zu leben, als die eigene Herkunft zu kennen – weil Gott Leben will und nicht den Tod. Weil Gott gerade die Kleinen nicht gering achtet. Und weil Gott selbst jedem Menschen Lebenssinn zuspricht.

Viele haben das Netzwerk unermüdlich aufgebaut und tragen es, haben sich bereit erklärt, eine Notrufnummer rund um die Uhr zu besetzen. In der Geschichte von Mose heißt es: „Die Frau nahm das Kind und stillte es. Und als das Kind groß war, brachte sie es der Tochter des Pharao, und es ward ihr Sohn, und sie nannte ihn Mose, denn sie sprach: Ich habe ihn aus dem Wasser gezogen."

Wer zur Familie ermutigen will, muss vor allen Dingen Frauen ernst nehmen. In ihrer Liebe zum Beruf, in ihrer Verzweiflung, in ihrer Kraft. Der erhobene Zeigefinger gegenüber Frauen und ihren unterschiedlichen Lebensentwürfen wird sie eher abschrecken, Familien zu gründen. Wer zur Familie ermutigen will, wird Frauen entlasten müssen durch Betreuungsangebote, Hilfestellungen, finanzielle Erleichterungen.

Und: wer zur Familie ermutigen will, muss Klischees mit Blick auf Männer überwinden. Die Jahre der Frauenbewegung haben gezeigt, dass Frauen selbstständig leben können, dass sie ihre Kinder heute – wenn auch oft um einen hohen Preis – selbst ernähren können. Eine zentrale Frage wird sein, ob Männer bereit sind, ihre Rollen zu verlassen, nicht nur den „Jäger" zu spielen, der die Beute nach Hause bringt, sondern auch der „Sammler" zu sein, der das Haus hütet, die „Brut" aufzieht. Viel zu schnell und viel zu einfach entziehen Männer sich oft dieser Aufgabe. Als kürzlich ein US-Bundesgericht einen 35-Jährigen, der für keines seiner neun Kinder Unterhalt zahlt, statt mit einer Gefängnisstrafe mit der Auflage belegte, keine weiteren Kinder zu zeugen, sondern für den Unterhalt der vorhandenen zu sorgen – an sich ja eine vernünftige Entscheidung –, wurde die Frage nach seinen Menschenrechten gestellt.[23] Dann aber muss genauso gefragt werden: Wie sieht es aus mit den Rechten seiner Kinder?

Was ist mit der Verantwortung der Väter? – Statistisch gesehen zahlen 800000 Väter in Deutschland keinen Unterhalt, und 800000 weitere kommen nur teilweise für den Unterhalt ihrer Kinder auf. Es müssen nicht radikale Feministinnen sein, die da die Frage nach den Pflichten der Väter stellen. Gewiss sind viele junge Männer heute auf ganz andere Weise bemüht, ihrer Rolle als Vater gerecht zu werden, als die Generation etwa meines Vaters. Sie erleben die Geburt mit, wickeln selbstverständlich, wissen über Fläschchen, Brei und Bäuerchen Bescheid. Jüngste Untersuchungen zeigen, dass die Vaterrolle einem radikalen Wandel unterliegt (Münchner Staatsinstitut für Frühpädagogik 2001): Mehr als zwei Drittel der Männer sieht sich nicht mehr vorrangig in der Rolle

---

[23] Vgl. FR 14.7.2001.

des „Ernährers der Familie", sondern als „Erzieher seiner Kinder". Partnerschaftliche Arbeitsteilung bei der Kindererziehung wird von Paaren angestrebt, aber in der Realität oft nicht umgesetzt. Und: die Erziehungskrise, sie wird wie selbstverständlich weiterhin den Frauen angelastet, und wie selbstverständlich wird den Männern erlaubt, sich aus der Verantwortung wieder herauszustehlen – als sei es eben selbstverständlich, Väter aus der Verantwortung für ihre Kinder zu entlassen.

Zusammenleben einüben

Im Jahr 2000 habe ich in einem Kloster – auch das gibt es in der evangelischen Kirche! – eine neue Äbtissin eingeführt. Wir hatten ein intensives Vorgespräch, in dem mir deutlich wurde: Jeder Mensch muss erst einmal lernen, mit anderen zu leben. Die Äbtissin erläuterte, dass ihre Gemeinschaft bisher in großer Individualität gelebt habe, jede Frau in ihrem eigenen Appartement, und dass sie zusammengekommen waren lediglich zum Dienst im Krankenhaus. Nun sollen diese Schwestern in einem Kloster ganztags zusammenleben, Gemeinschaft bilden, Mahlzeiten zusammen einnehmen, geistliches Leben aufbauen. Sie sagte: „Das ist, wie wenn ein Single, der erst sehr spät heiratet, plötzlich lernen muss, den ganzen Tag zu teilen."
Zusammenleben ist tatsächlich nicht selbstverständlich. Da muss Rücksicht aufeinander gelernt werden, da entstehen Verpflichtungen und Abhängigkeiten. Ich selbst habe an meinem 23. Geburtstag ge-

heiratet. Dadurch habe ich nur eine ganz kurze Zeit Single-Erfahrung sammeln können. Im Alltag einer Großfamilie mit sechs Personen, wie ich ihn heute erlebe, kann ich mir manchmal gar nicht vorstellen, dass es auch etwas anderes geben könnte. Das Haus ist eigentlich immer in Bewegung, in mancher Woche verbrauchen wir 24 Liter Milch! Und ich mag es, dieses leichte „Alltagschaos" als Lebensform, in der jeder Tag neue Herausforderungen, Überraschungen und durchaus auch Konflikte bringt.

Aber wenn es, selten mal, vorkommt, dass ich einen Tag lang ganz allein und unabhängig bin, dass niemand ein Frühstück braucht oder einen Zettel zurücklässt, was zu erledigen ist, spüre ich die Freiheit des Alleinseins. Nachdem ich ein wenig umherstreife, rastlos bin, Wäsche in die Maschine stecke, endlich Esthers Kleider sortiere, entsteht eine große Ruhe, ein Glücksgefühl, weil ausnahmsweise eine Zeit nur mir gehört. Und es folgt der Wunsch: Lass es noch ein bisschen dauern, bis sie alle wiederkommen. Kaum aber scheint Gewöhnung an das Freiheitsgefühl in Reichweite, erstürmt ein Teil der Großfamilie wieder das Haus ...

Ahnungen eines anderen Lebens nenne ich das. Es ist allerdings die umgekehrte Realität von vielen, die erst spät heiraten und plötzlich mit der dauernden Zweisam-, Dreisam-, Viersamkeit fertig werden sollen. Das ist nicht einfach und muss vorbereitet werden, es braucht Eingewöhnung. Meine Sachen, deine Sachen. Nie mehr allein und das in einer Zeit, die Individualität preist! Da ist es notwendig, klare Absprachen zu treffen, einander Freiräume zu gewähren. Und später im Leben erneut eine Umgewöhnung: Nach dem Auszug der Kinder erleben Paare oft eine erneute Phase der Beziehungskrise, wie die Scheidungsstatistik belegt. Auch an diesem Lebensübergang muss Zusammenleben neu eingeübt werden. „Als unser jüngster Sohn auszog", erzählt eine Frau, „bin ich in ein schwarzes Loch gefallen. Mein Mann war weiterhin total beruflich engagiert, und ich saß ganz alleine da!"

Wenn ein Paar heiratet, ist es in der Regel verliebt und will das ganze Leben miteinander teilen. Wer frisch verliebt ist, sucht Nähe, ununterbrochene Zweisamkeit. Alles, aber auch alles soll geteilt werden. Alles soll erzählt werden, keine Geheimnisse soll es geben. Ob es das ist, was Ältere so sehr rührt beim Anblick eines jungen Paares? Bei der Hochzeit in der Kirche: Ich traue ein Paar und sehe die vielen anwesenden Paare. Eine Schwester ist schon geschieden. Der Vater des Bräutigams ist in zweiter Ehe verheiratet, die Ehe der Brauteltern hat vieles gesehen. Ja, alle hier wissen um die Zerbrechlichkeit von Beziehungen. Und doch sind alle gerührt: Die zwei vor ihnen lieben sich. Da gibt es keine Schatten. Da sind noch keine Erfahrungen von Enttäuschung und Untreue. Ihre Liebe hat etwas von der Reinheit, dem Anfang, dem – wie Hermann Hesse es unnachahmlich sagt – ein Zauber innewohnt. Nein, ich werde der Versuchung nicht erliegen, mich nun in der Warnung vor den Brüchen zu ergehen, zu schwelgen in den Gefahren für die Ehe heute. Warum nicht diesem Paar diesen Moment gönnen? Es geht darum, sie zu ermutigen, in ihre Ehe zu investieren: Zeit, Kraft, Geduld, Liebe. Manchmal macht uns die Erfahrung miesepetrig. Dann wünschen wir anderen nicht das Glück, das wir uns selbst erhofft haben – weil wir vielleicht enttäuscht worden sind. Aber: es gibt auch heute viele Ehen, die gelingen. Wie vielen Paaren gratuliere ich jedes Jahr zur goldenen, eisernen oder diamantenen Hochzeit! Eine lange Ehe, sie ist auch ein Geschenk ...

Die kirchliche Trauung ist für mich etwas Besonderes. Altbundespräsident Roman Herzog, der nach dem Tod seiner ersten Frau ein zweites Mal geheiratet hat, hat das schön ausgedrückt: „Allein würde ich mir das gar nicht zutrauen." Wer vor den Traualtar tritt, gibt sich nicht nur ein Versprechen, sondern vertraut sich und die Beziehung zum anderen, zur anderen auch Gott an. Da ist die Liebe nicht auf die eigene Leistung angewiesen, sondern weiß sich getragen von Gottes noch viel größerer Liebe. Vergebung ist möglich. Nach evangelischem Verständnis ist die Ehe kein Sakrament, sondern, wie Martin Luther sagte, ein „weltlich Ding". Aber sie ist eben auch „eine Gabe Gottes, die im Alltag als Aufgabe angenommen werden will. Sie ist eine Lebensform, die dem gemeinsamen Leben und der Liebe Halt und Gestalt gibt, zugleich aber in lebendiger Übernahme immer wieder neu gewonnen werden muss, damit sie nicht zur starren Hülse wird."[24]

Jedes Paar wird lernen müssen, Distanz und Nähe für sich zu bestimmen. Ich bin überzeugt, dass es für eine Ehe gut ist, wenn der Partner und die Partnerin eigene Bereiche kennen, eigene Freunde haben, Freundinnen, mit denen auch Dinge geteilt werden, die nicht mit dem Partner oder der Partnerin geteilt

---

[24] Evangelischer Erwachsenenkatechismus, Gütersloh 2000, S. 283.

werden können. Zu Anfang will selbstverständlich jeder alles teilen, ganz und gar. Da stehen Verwandte und Freundschaften erst einmal zurück. Aber das Leben zu hundert Prozent aufeinander zu beziehen, kann große Enge erzeugen – und dann wiederum vehemente Ausbrüche zur Folge haben.

Das Zusammenleben in einer Partnerschaft ist daher ein Balanceakt zwischen Verbindlichkeit und Freiheit. Es erfordert Ehrlichkeit und Rücksichtnahme, die Möglichkeit, eigene Räume zu haben, und zugleich klare Gemeinsamkeit. Eine Familie ist kein Serviceunternehmen, sondern eine Verantwortungsgemeinschaft. Bei einem Familienfest sagte mir ein Verwandter: „Wenn wir uns auch nicht immerzu alle umarmen – wenn's brennt, sind wir doch füreinander da." Das ist gemeint: bereit sein, einzuspringen, Verantwortung zu übernehmen, zu teilen und Verbindlichkeit zu leben.

Rechte und Pflichten müssen gleichmäßig verteilt sein, ebenso die Freiräume und Verbindlichkeiten. Es kann nicht angehen, dass die Hausfrau oder der Hausmann sämtliche Putz- und Aufräumarbeiten erledigt, während die anderen keinerlei Verpflichtungen für das Zusammenleben übernehmen. Das erzeugt Ärger und Verletzungen. Wie auch mit Blick auf die christliche Gemeinde glaube ich, dass etwas von dem *einen* Geist, von dem die Bibel redet (1. Korinther 12), zu spüren sein sollte in einer Familie. Da wird es Streit geben und Auseinandersetzung zwischen den Eltern, zwischen Eltern und Kindern, unter den Kindern, aber es muss im Zusammenleben spürbar bleiben, dass es sich um eine Familie handelt. Die Bibel nennt es „das Band der

Liebe" (Kolosser 3,14), das über alle Auseinandersetzungen hinweg halten kann.

Deshalb würde ich Regeln auch nie zum Gesetz werden lassen. Als unsere drei älteren Töchter sich einmal so lange um die Zuständigkeit für ihr gemeinsames Waschbecken gestritten hatten, dass es niemandem mehr zuzumuten war, es sauber zu machen, habe ich kurzerhand zum Lappen gegriffen. Manche würden das sicher als pädagogisch völlig falsch ansehen, aber den Unterschied zwischen Gesetz und Evangelium, den habe ich schon an der Bibel gelernt ... Manchmal ist es wichtig und richtig, eine Sache gut sein zu lassen und nicht die eigene Position durchzufechten. Allerdings kenne ich auch das Gefühl der Enttäuschung – wenn etwa noch ein frisches Brot geholt werden muss, ich unter Zeitdruck bin und alle meine Töchter zu gestresst, zu beschäftigt, zu verplant sind, mir den Gang abzunehmen. Da kommen diese Gedanken: Du tust (fast) alles – was tun sie? Manchmal hilft da die pragmatische Weisheit meiner Mutter: Für eine Mutter sorgt keiner, die muss sich ab und zu selbst etwas Gutes tun!

Wenn in einer Familie Zusammenleben eingeübt ist, entstehen Bindungen, die ein Leben lang prägen und halten. Das kann sich in unterschiedlichen Phasen vollziehen. Da gibt es Zeiten großer Distanz und Zeiten großer Nähe, und die Nähe wird auch nicht zwischen allen gleich groß sein. Auch Phasen der Entfremdung sind zuzulassen, denke ich. Der Volksmund weiß, und vielleicht stimmt das: Blut ist dicker als Wasser. – In einem Gottesdienst hörte ich kürzlich einen wirklich großartigen Gospelchor singen. „Toll!", habe ich gesagt, „und das hier auf dem

Land!" Es stellte sich heraus, dass es sich um sieben Geschwister, ihre Kinder und deren Freundinnen und Freunde handelt. Ja, das ist großartig. Auf der anderen Seite: Familien sind sich besonders nahe, und deshalb können auch Verletzungen besonders tief sitzen. Geschwister kennen sich gut, manchmal zu gut mit ihren Schwächen und Stärken und ihrer Vergangenheit. Grundsätzlich aber tragen Familienbande ein Leben lang.

Vor vielen Jahren lag ich im Krankenhaus und hatte ein Kind im frühen Stadium der Schwangerschaft verloren. Ich war alleine in einer fremden Stadt, mein Mann musste unsere Tochter versorgen. Da erschien sehr spontan meine älteste Schwester. Ich hatte sie einige Zeit nicht gesehen, unsere Beziehung war nicht so ganz eng gewesen. Aber als sie zur Tür hereinkam, konnten all die Tränen ihren freien Lauf finden, die ich tagelang unterdrückt hatte. Da war plötzlich etwas von dieser Nähe, von dieser Verbundenheit der gemeinsamen Jahre.

Wir haben das in den folgenden Jahren gepflegt, sei es durch einen gemeinsamen Urlaub mit anderen Familien, die gemeinsame Lektüre eines Buches, regelmäßige Telefonate. Ein Höhepunkt bisher war ihre Einladung an mich zu ihrem 50. Geburtstag: ein Wochenende in der Mitte zwischen unseren beiden Wohnorten. Zweieinhalb Tage Zeit zum Reden, Entspannen, Genießen. Warum sollten wir das eigentlich nicht einmal im Jahr einplanen, jetzt wo unsere Kinder nicht mehr jede freie Minute ihrer berufstätigen Mütter beanspruchen? Mir hat das jedenfalls gut getan als ganz neue Phase der Schwesternbeziehung. Und sie hat die dritte Schwester ebenfalls eingeladen, auch mit ihr eigene Zeit verbracht. Das ist eine großartige Idee, denke ich.

Gleichzeitig sollte die Familie nicht überhöht werden. Sehr oft wurde sie als Ideal benutzt, um Druck zu erzeugen: „Das darf diese vier Wände nicht verlassen." „Um der Familie willen musst du das und das ertragen, Opfer bringen." Familiengeheimnisse haben Kinder belastet. Das Hohelied, das auf die Familie gesungen wurde und wird, hat verhindert, dass Mädchen und Jungen sexuellen Missbrauch angezeigt haben. Schläge wurden vertuscht. – Beim Besuch einer Hauptschule fiel mir ein Mädchen auf, das nahezu apathisch die Stunde über sich ergehen ließ. Als ich den Lehrer im Nachgespräch darauf ansprach, sagte er: „Ja, wir denken alle, dass sie missbraucht wird, aber keiner wagt es, darüber zu reden, sie schon gar nicht." Eltern können Kinder erniedrigen, demütigen, in Angst und Terror versetzen. Kinder können ihre Eltern verletzen, bloßstellen, mit Verachtung strafen.

Viele Jahre lang sind wir in einem Kreis von mehreren Familien in Urlaub gefahren. Manche haben gesagt: Ihr spinnt, Urlaub mit vierzig Personen! Aber da gab es Freiraum ganz und gar für die Kinder, Freiräume für die Eltern und durchaus Vertrauensbeziehungen zwischen Eltern und Kindern verschiedener Familien. Andere Erwachsene waren als Ansprechpartner da. Das war auch eine Einübung in Zusammenleben: Rücksicht, Geduld, Gemeinschaft.

Ich erinnere mich lebhaft an die ersten Herbstferien als Studienleiterin an der Evangelischen Akademie in Hofgeismar. Ich hatte eine zehntägige Reise für Familien nach Neudietendorf/Thüringen organisiert. Es hat uns gut getan, über Erziehung zu sprechen, andere Familien hautnah zu erleben, sich abgrenzen und identifizieren zu können mit den Erziehungsmethoden anderer.

Wir haben die „Kinderakademie" in Hofgeismar praktiziert an drei oder vier Wochenenden pro Jahr. Das Projekt ist lange vor meiner Zeit entstanden, ich habe es als Studienleiterin gerne weitergeführt. Die Kinderakademie ist eine regelmäßige Tagung, an der Eltern und Kinder teilnehmen und gemeinsam ein Thema erarbeiten. Unsere Kinder werden wohl nicht vergessen, wie sie den wunderbaren Park mit Skulpturen dort erobert haben. Oder die Osternacht: Zuerst haben wir Karfreitag, die Trauer, das Fasten erlebt. Dann in der Nacht ein Osterfeuer angezündet. Daran wurde ein Licht angezündet und in die Kapelle getragen; immer vier Kinder mussten es für zwei Stunden die Nacht hindurch bewachen. Eine enorme Aufregung war das, sie mussten sich schichtweise wecken und ablösen. Und am Morgen um fünf haben die Kinder das Licht geholt und von der Kapelle durch den Park in die Kirche getragen. Ich sehe sie heute noch kommen, diese kleine ernsthafte Prozession. Dort in der Kirche hat es geleuchtet, wir haben einen schönen, von Kindern und Eltern vorbereiteten Abendmahlsgottesdienst gefeiert, während es draußen hell wurde. Und danach gab es ein fürstliches Frühstück.

Ich weiß wohl, dass den Mitarbeiterinnen und Mitarbeitern der Akademie diese Wochenenden manches Mal ein Dorn im Auge waren, vor allem als die erste Wochenendtagung nach der Großrenovierung ausgerechnet eine Kinderakademie war und alle

Angst um die schönen neuen weißen Vorhänge und den guten neu abgeschliffenen Parkettboden hatten. Mancher hätte diese Veranstaltung am liebsten aus dem Programm verbannt, ich weiß wohl! Aber an diesen Wochenenden wurde ganz bestimmt etwas gesät, was keiner und keine der Beteiligten je vergessen wird.

Das Gleiche gilt für die Reisen jener Zeit. Zunächst gab es drei Sommer mit zwei oder drei Familien, schließlich mit acht Familien zunächst nach Schweden, dann folgten Frankreich und schließlich Italien. Diese Erfahrungen sind ein großer Schatz für uns. Nicht, dass es keine Konflikte gegeben hätte! Nicht, dass da keine Vergleiche gezogen wurden: Meine Kinder so und deine Kinder so. Da bewegte die Frage, warum Familie X den ständig Zahnschmerzen habenden Sohn nicht endlich zum Zahnarzt verfrachtet? Die relative Eifersucht auf die allein reisende Mutter mit drei Kindern, der alle Ehemänner dauernd helfen wollten. Wer würde sich nicht an den Schock erinnern, als das Haus in Schweden an einer Bundesstraße lag. Aber dennoch haben wir uns an den Kanus gefreut, die Biberjagden sind unvergessen, und die fehlende Passverlängerung auf immer ein Thema für lange Abende: ... weißt du noch?

Ich lache heute noch, wenn ich an die Ankunft in der Bretagne denke. „Das ist wie im Knast!", sagte eine der Töchter, als sie die nicht gerade luxuriösen, etwas angestaubten Zimmer mit Gitterbetten inspiziert hatte. Ein anderes pubertierendes Mädchen weigerte sich bis nach Mitternacht, das Auto zu verlassen. Im Teich vor dem Schloss wurden schließlich Aale entdeckt, recht ekelerregende Viecher, die tapfere Jungen schließlich anderen Gewässern zuführten. Der grauenvolle Keller wurde eines Tages zur Geisterbahn – eine tolle phantasievolle Idee, die die Furcht vor diesem Schloss und Spaß an der Sache zusammenführte. Es war anrührend, wie die „großen Kinder" eine Geisterbahn-Version für die „Kleinen" mit ihnen selbst erarbeitet hatten – und natürlich eine Variante für die „Großen", der die Eltern sich aussetzen mussten. Wir Erwachsenen entdeckten Inschriften von Wehrmachtssoldaten. Es kam zu intensiven Gesprächen bei Cidre und Wein vom nahe gelegenen Gut über die Fragen von Krieg und Frieden, von Erinnerung und Zukunft. Jeden Morgen kam der Bäcker: vierzig Croissants und zwanzig Baguettes – ein Großauftrag für vierzehn Tage! Und zum Abschluss gab es ein Schlossfest, der triste Saal erstrahlte im Kerzenlicht ein wenig in altem Glanz. Vergessen waren da die hängenden Betten, die schmerzenden Rücken, die abblätternden Tapeten …

Und die letzte Reise in die Toskana. Endlich ein richtig komfortables Haus. Jede Familie eine Wohnung, etwas mehr Abgeschiedenheit und Privatheit als in den Sommern zuvor, wenn auch wiederum gemeinsame Mahlzeiten, für die jede Familie abwechselnd einen Tag lang verantwortlich war. Aber auch wenn die äußeren Bedingungen wesentlich luxuriöser waren als die Jahre zuvor, war durchaus Spannung spürbar. Der Großteil der Gruppe war identisch mit der der Vorjahre. Untergruppen hatten sich gebildet. Krisen in den Beziehungen ließen sich kaum noch verbergen. Die Kinder wussten genau, wen sie wie ärgern konnten. – Bei allem: ich möchte diese Sommer nicht missen, sie sind Teil unserer Familiengeschichte.

Besonders nachdrücklich ist mir die gemeinsame Lektüre. Sie war erstaunlicherweise (?) mehr Frauensache. In Schweden haben wir natürlich Astrid Lindgren gelesen mit den Kindern, aber auch einen Roman als Erwachsene. In der Bretagne kamen Proust und seine *Suche nach der verlorenen Zeit* an die Reihe. Die berühmten Madeleines, die darin eine so wichtige Rolle spielen, hatten es uns besonders angetan. Wir haben also Madeleines gekauft und bei ihrem Genuss über dieses Kapitel sinniert. In Italien war Magnus Enzensbergers: *Ach, Europa* dran.

Die Begeisterung für das Lesen überträgt sich auf Kinder, denke ich. Und dabei ist die Leselust von Kindern sicher unterschiedlich. Unsere älteste Tochter hat in manchen Phasen Bücher geradezu „gefressen", so dass die Fuldaer Stadtbuchhandlung an ihre Grenzen kam. Die beiden Mittleren haben einige Jahre fast nichts lesen wollen, aber es hat sich gezeigt: Das richtige Angebot ermutigt. Lange hatte ich geglaubt, sie müssten sich für die gleichen Enid-Blyton-Bücher begeistern wie ich damals, zumal Hanni und Nanni ja auch Zwillinge sind. Aber die Sprache war ihnen viel zu fremd. Ich freue mich, wenn ich sehe, dass sie lesen, und sie wissen, dass Lesen mir etwas bedeutet. Für die Jüngste war tatsächlich *Harry Potter* der Durchbruch: alle vier Bände hintereinander weg, seitdem liest sie regelmäßig. Und ich habe zumindest auch den ersten Band gelesen, um zu verstehen, was es mit Dudley und Dumbledore, mit Muggles und Hogwarts auf sich hat. Lesen ist wunderbar und für Kinder eine großartige Chance, Bilder im Kopf selbst auszumalen. Noch heute macht es mir Spaß, gemeinsam mit anderen ein Buch zu lesen – sei es ein

Krimi, den meine persönliche Referentin und meine Pressesprecherin kennen. Oder ein Buch, das ich von meiner Tochter übernehme. Oder der Pavel Kohout, den ich in diesem Urlaub lese, weil meine Schwester so spannend darüber erzählt hat.

Urlaub ist ja in der Regel mit fast ebenso hohen Erwartungen belastet wie Weihnachten. Es erscheint mir wichtig, diese Erwartungen zu klären. Es kann zum Beispiel gut tun, den Urlaub nicht plötzlich ganz allein miteinander zu verbringen und zu erwarten, dass alles, was im Alltag nicht gelingt, jetzt wunderbar ist. Wer gemeinsam mit anderen verreist, erlebt mehr: Ein Paar kann am Abend ausgehen, die Kinder aber sind glücklich und versorgt. Es ist nicht immer das erste Bedürfnis der Kinder, mit den Eltern ganz allein zu sein! Sie suchen Freundinnen und Freunde, mit denen sie spielen oder, wenn älter, reden und ausgehen können. Und es tut Erwachsenen gut! Ich erinnere mich an jenen legendären Abend, an dem die Frauen unserer Sommer-Reisen zum Mont-Saint-Michel fuhren. Zuerst stand Besichtigung auf dem Programm, aber dann kamen all die Beziehungskrisen, Fragen, Auseinandersetzungen hoch, die Ehen mit Kindern eigen sind, die viel zu oft verdrängt werden von der Oberfläche und die gären und schließlich zu explodieren drohen.

Freiräume brauchen Eltern und Kinder! Es kann wichtig sein, dass die Eltern einmal allein wegfahren oder eben die Kinder sich mit einer Gruppe aufmachen. Danach können wieder andere Phasen kommen, in denen es wichtig ist für eine Familie, eng zusammen zu sein ohne andere. Wir haben das zweimal in Irland erlebt, und es tat uns gut. Bedürfnisse können aber auch von Jahr zu Jahr unterschiedlich sein. In einem Jahr bin ich mit den Kindern allein an den Strand gefahren, weil mein Mann darauf überhaupt keine Lust hatte, während er in Norwegen mit einem Freund Fahrrad gefahren ist und gezeltet hat, was ich mir nicht vorstellen konnte. Beide sind wir erholt zurückgekommen, ohne dass dies eine Familienkrise ausgelöst hätte. Das tut wohl eher der Anpassungszwang oder der überhöhte Erwartungsdruck.

Auf den Ferienreisen der Kinderakademie gab es durchaus Verletzungen auf Elternseite, wenn etwa deutlich wurde: Meine Tochter vertraut sich einer anderen Person so ganz und gar an. Dabei ist es eine Chance, dass über Generationengrenzen hinweg Vertrauen da ist. Traditionell – und manches Mal noch heute – können Großeltern eine solche Vertrauensposition haben; vielerorts aber sind die Verbindungen zwischen Großeltern und Enkeln nicht mehr so eng, wie das früher einmal war – allein aus räumlichen Gründen. Eifersucht ist hier völlig fehl am Platz. Vielmehr müssten Eltern eine große Freude darüber spüren, dass ihre Kinder eine weitere, eine zusätzliche Bezugsperson finden, mit der sie über manches Problem anders sprechen können als mit den Eltern. Die Enttäuschung der Mutter oder des Vaters, die in dieser Situation nicht die ersten Ansprechpartner ihrer Kinder sind, sie sollte nicht beherrschend werden.

Nach den gemeinsamen Urlauben im größeren und kleineren Kreis bin ich überzeugt, dass es Familien gut tut, sich mit anderen Familien zusammenzutun, zu treffen, auszutauschen, Zeit miteinander zu verbringen. Dafür müsste es viel mehr Gelegenheit geben. Ich wünsche mir, dass meine Kirche solche bietet. Und ich ermutige Familien ausdrücklich dazu, selbst die Initiative zu ergreifen.

Gerade mit Blick auf die Enge, die Verletzungen, die eine Familie hervorbringen kann, tut es einer Familie gut, wenn es Freunde gibt, wenn Eltern wie Kinder andere Erwachsene kennen, denen sie sich anvertrauen können. Bei meinen eigenen Eltern kann ich mich nicht daran erinnern, dass Freunde eine Rolle spielten, aber es gab zumindest Tanten, Cousinen und Cousins. Deshalb war es mir wichtig, dass unsere Kinder enge und vertrauensvolle Beziehungen zu anderen Erwachsenen hatten und haben. So feiern wir beispielsweise seit Jahren mit einem befreundeten Ehepaar und deren Kindern Silvester: ein Jahr bei ihnen, ein Jahr bei uns.

Für mich liegt hier eine wichtige Bedeutung und Möglichkeit von Patenschaft. Es geht einerseits gewiss darum, die Kinder zum christlichen Glauben zu führen, offen zu sein für die Fragen des christlichen Glaubens. Patenschaft kann aber eben auch ganz besonders dieses bedeuten: Vertrauensperson zu sein abseits und außerhalb der elterlichen Zusammenhänge. „Das Patenamt ist ein geistliches Amt. Wenn sich in der Anfangszeit des Christentums jemand zur Taufe meldete, musste ein Glied der Gemeinde für den Taufbewerber eine besondere Bürgschaft übernehmen. Während der Vorbereitung auf die Taufe war dieses Gemeindeglied dann als *patrinus* (geistlicher Vater) für den Täufling verantwortlich. Hieraus hat sich unser heutiges Patenamt entwickelt ... Paten können (so) zu wichtigen Vertrauenspersonen werden, die ihrem Patenkind in manchen Zeiten vielleicht auch kameradschaftlicher begegnen können als Eltern oder Lehrer."[25]

Für jenes Kind, das ich in der Schwangerschaft verloren habe, hatten wir einen Freund und eine Freundin als Paten ausgesucht. Als zehn Monate später unsere Zwillinge geboren wurden, haben wir den ausgesuchten Freund und die Freundin samt Ehepartner und Ehepartnerin um die Patenschaft für je ein Kind gebeten. Hier ist ein kontinuierlicher Kontakt entstanden über Jahre hinweg, weil es eben auch unsere Freunde waren, wir uns regelmäßig besucht haben und so ein Vertrauensverhältnis zu den Kindern entstanden ist. Patenschaft entwickelte sich zu vertiefter Freundschaft zu zwei Ehepaaren, die jeweils selbst keine Kinder haben. Dieses Teilen von Verantwortung und manchmal auch die Möglichkeit, am Telefon oder bei einer Begegnung das Teilen der Probleme, hat für mich eine außerordentlich entlastende Funktion gehabt. Allerdings können Patenschaften auch scheitern mit den Freundschaften. Das ist uns bei unserer ältesten Tochter passiert. Sie hat sich deshalb aus dem engeren Familienkreis selbst eine Patin erkoren, die diese Aufgabe auch liebevoll und gern übernommen hat. Es spricht also auch etwas dafür, die Patenschaft auf eine Person aus der Verwandtschaft und eine Person aus dem Freundeskreis zu verteilen.

Besonders schön kann es sein, wenn diese Gemeinschaft auch in der kirchlichen Gemeinde verankert ist und gefeiert wird. Das beginnt mit der Taufe, und es tut Kindern gut, sich einer Gemeinde zu-

---

25 Evangelischer Erwachsenenkatechismus, Gütersloh 2000, S. 551 f.

gehörig zu fühlen. Deshalb taufen wir heute nur in Ausnahmen in der Familie und meist in der Gemeinde, im Sonntags-, Familien- oder Kindergottesdienst. Die beste Erfahrung in dieser Hinsicht habe ich in unserer Zeit in Hofgeismar gemacht. Dort gab es eine Gemeinde, in der viele junge Familien zusammenkamen. Es war selbstverständlich, dass Kinder mit im Gottesdienst waren, ja dass der Gottesdienst eine Art fröhliches Familientreffen war, auf das sich Eltern wie Kinder gefreut haben. Hiervon müsste es mehr geben in der Kirche! Orte der Gemeinschaft, die dann auch im Abendmahl miteinander gefeiert wird – Gemeinschaft untereinander und Gemeinschaft mit Gott.

Wir haben die Kinder mit zum Abendmahl genommen, sie erhielten ein Stück Brot und eine Weintraube und waren Teil der Gemeinschaft der Getauften. Dieses christliche Symbol ist dort für mich eindrücklich zum Tragen gekommen. Und nicht nur das Symbol, sondern die Realität, dass Christus mitten unter uns ist, er als der Einladende und wir als die Gemeinschaft, die ihm nachfolgt.

Vertrauen haben

Ich erinnere mich gut an meine Reise zur Vollversammlung des Ökumenischen Rates der Kirchen 1991 nach Canberra – sie war eine Art „Horrortrip". Der Golf-Krieg brach aus, ich war schwanger, und zudem hatte ich, um unserer Kirche Kosten zu sparen, nicht den Lufthansa-Direktflug gebucht, sondern den Billigflug von Frankfurt über Bangkok, Bali, Jakarta,

Melbourne nach Sydney. Nach 36 Stunden Reisezeit in Sydney angekommen, wurde ich fröhlich begrüßt und in einen Bus gesteckt: Im Rahmen unserer Besuchsprogramme vor der Vollversammlung fuhren wir erst einmal zu den Aborigines, den Ureinwohnern Australiens – eine Strecke von 1000 Meilen!

Meine schwangerschaftsbedingte Übelkeit hat sich noch gesteigert auf dieser Busfahrt, aber ich wusste nicht, dass der Höhepunkt der Reise noch auf uns wartete. Als wir in Wilcannia angekommen waren, war da niemand, der eine Ahnung davon hatte, dass der Ökumenische Rat der Kirchen Besuch schicken wollte. Also bot uns der Pastor des Ortes an, auf dem Fußboden der Kirche zu nächtigen: 22 Menschen auf Kirchenbänken, eine Toilette und ein klitzekleines Waschbecken über den Hof! Manchmal habe ich später gedacht, dass meine jüngste Tochter aus diesen pränatalen Erfahrungen heraus besondere Zähigkeit entwickelt hat.

Wir haben dann auch die Ureinwohner Australiens erlebt, aber nicht die, die wir aus den Medien kennen – tanzend und traditionelle Riten vorführend samt Digeridoo. Stattdessen war es die Realität der an den Rand Gedrängten, die ihrer Wurzeln beraubt worden waren. Viele heruntergekommene Gestalten, gezeichnet vom Alkohol und Drogenmissbrauch. Hoffnungslos, arbeitslos, orientierungslos. Ein großes Fest wurde gefeiert, indem fünf junge Männer auf einen Jeep sprangen, in den Busch fuhren, ein Känguru und ein Emu schossen. Sie kamen zurück, haben es vor unseren Augen zerlegt, und wir mussten dann höflich das gegrillte Fleisch essen. Vielleicht auch das ein Beitrag zur Zähigkeit?

Vor dieser Fahrt nach Australien hatte ich das erste Mal Angst, nicht zurückzukehren. Vielleicht ist erst heute, nach den Terror-Anschlägen von New York und Washington, die Stimmung zu Beginn des Golf-Kriegs wieder nachvollziehbar. Damals wurden Raketenangriffe auf Israel befürchtet, ein Beschuss europäischer Ziele für möglich gehalten. Für mich war es eine große Beruhigung, dass mein Mann und ich eine Erklärung verfasst und hinterlegt hatten, mit der wir unsere beiden besten Freunde mit dem Erziehungsrecht für unsere drei Kinder bevollmächtigt hatten. Unsere Überzeugung war, dass jede Auseinandersetzung zwischen Eltern und Schwiegereltern, Schwestern und Schwägerinnen nur schädlich wäre. Meine Überlegung war, dass unsere Freunde unsere Kinder am besten kennen und das Kindeswohl deshalb im Auge haben könnten. Wir haben diese Bevollmächtigung nie widerrufen, und ich bin dankbar dafür, dass unsere Freunde diese Verantwortung auf sich genommen haben. Es war für mich eine große Entlastung, zu wissen: im Unglücksfall würden sie das Richtige oder das ihres Erachtens nach Beste tun, ohne jeden Zweifel nach bestem Wissen und Gewissen.

Auch dieses Loslassen-Können und Vertrauen-Können verknüpfe ich mit der Taufe. Ich habe meine Kinder jeweils sehr bald nach ihrer Geburt taufen lassen. Das heißt nicht, dass ich mit der Taufe ein magisches oder mechanistisches Verständnis verbinde. Daran ist nichts Mystisches, dass das Kind plötzlich unverletzbar wäre oder „gottgeweiht". Ich kann auch nicht nachvollziehen, warum ungetaufte Kinder früher nicht christlich beerdigt werden durften. Und ich finde es richtig, dass heute auch die Kinder, die bei einer Fehlgeburt sterben, beerdigt werden können. Mit Blick auf meine eigenen Kinder hatte ich den Eindruck, nicht ich selbst nur bin verantwortlich, sondern ich kann meine Kinder auch Gott anvertrauen in guten wie in schlechten Tagen. Es ist nicht meine Verantwortung allein, dass diese Kinder ihren richtigen Weg gehen, sondern Gott wird sie begleiten, weil Gott ihren Namen kennt und ihren Namen gerufen hat. Gottes Segen ist ihnen zugesagt. So hat die Taufe für mich eine Entlastungsfunktion, und sie ist für mich ein Zeichen von Gottvertrauen. Nicht wir leisten alles, auch nicht als Eltern, sondern vieles wächst von allein; und Kinder sind immer auch Kinder Gottes, und Gott wird für sie sorgen – auch da, wo ich versage oder nicht sorgen kann.

Bei der Taufe von Kindern mit Behinderungen habe ich das besonders intensiv erlebt. Im Verhältnis zur Sorge der Eltern von gesunden Kindern gibt es diese Sorge bei Eltern behinderter Kinder in weit größerem Ausmaß, wie ja auch ihre tägliche Belastung größer ist. Oft muss einer der Eltern, meist die Mutter, die Berufstätigkeit aufgeben, weil die Pflege des Kindes eine Ganztagsleistung ist. Solche Eltern und Kinder haben in einer Solidargemeinschaft Anspruch auf ganz besondere Unterstützung und Anerkennung ihrer Leistung. Und in christlicher Perspektive muss deutlich sein: Kinder mit Behinderungen oder „anderen Begabungen", wie es der englische Begriff *differently abled* zum Ausdruck bringt, sind vor Gott und vor den Menschen nicht weniger wert. Ohne eigene Leistung dürfen sie sich geliebt wissen, haben ein Lebensrecht. Gottes Segen ruht auf ihnen.

Je intensiver Eltern nichtbehinderter und behinderter Kinder und ihre Kinder untereinander in Kontakt kommen, desto schneller schwindet die Hemmung in der Begegnung. Deshalb sind integrierte Gruppen in Kindergarten und Schule von so großer Bedeutung. Nachdenklich gemacht hat mich allerdings auch der Kommentar des Direktors einer Behindertenschule. Er meinte, durch die integrativen Gruppen fehlten in den Behindertenschulen die Begabteren, es blieben zurück die kaum „beschulbaren" Kinder, der Leistungsansporn fehle. Und diejenigen, die in integrativen Klassen landeten, kämen dann eines Tages zwangsweise zurück, deprimiert und degradiert, weil es eben nicht klappt bis zum Abschluss auf der Regelschule. Ein anscheinend unlösbares Dilemma ...

In Fulda haben wir neben einer Schule für geistig behinderte Kinder gewohnt. Jeden Morgen habe ich sie mit Zivildienstleistenden und anderen Betreuern vorbeigehen sehen. Die Kinder waren ganz bestimmt nicht weniger glücklich als andere, ihr Leben ganz bestimmt nicht weniger lebenswert. Für Eltern aber, die für ein behindertes Kind Verantwortung übernehmen, steigt die Belastung immens. Zur „normalen" Belastung kommt die Dauerpflege, das Wickeln nicht nur in den ersten Monaten, die Sorge: was wird aus unserem Kind, wenn wir nicht mehr sind? Als meine Mutter als Gemeindeschwester arbeitete, sagte sie einmal: „Wenn du Kinder wickelst und pflegst, weißt du, es wird besser, es geht bergauf. Wenn du alte Menschen pflegst, wird es weniger, es geht bergab. Das ist eine ganz andere Erfahrung ..."

Wer ein behindertes Kind aufzieht, weiß und muss sich mit der Tatsache auseinandersetzen, dass es nie vollkommen selbstständig sein wird. Das bedeutet eine ungeheure Belastung, die von anderen kaum nachempfunden werden kann. Schon ein krankes Kind ist eine starke Herausforderung, obwohl dabei ja meist die Hoffnung auf Heilung besteht. Ich denke, der christliche Glaube kann sich auch in solchen Situationen als tragende Kraft erweisen. Gott gibt diesem Kind nicht weniger Lebenssinn als einem anderen. Auch dieses Leben ist bei Gott geborgen. Wenn der kleine Junge mit Downsyndrom beim Anblick eines Lastwagens vor Freude kreischt, drückt er damit vielleicht mehr Lebenslust aus als der gelangweilte 13-Jährige, der schon wieder den ganzen Tag vor der Glotze hängt ... In einem Kommentar zur Gen-Debatte schreibt Ingrid Lundberg-Piper in der *„Neuen Presse"* vom 02.06.2001 über ihre Tochter: „Lara war eine Frühgeburt – Kaiserschnitt. Sie wog gerade mal 2200 Gramm ... Am nächsten Tag kam mein Mann zu mir in die Klinik, Tränen in den Augen. ‚Ist sie tot?', fragte ich. ‚Schlimmer', sagte er, ‚sie hat Downsyndrom.' ... Inzwischen ist Lara acht Jahre alt. Sie ist ein prächtiges Mädchen. Und ich bin stolz auf sie, wie sie ihr Leben jeden Tag aufs Neue meistert. Um nichts in der Welt würde ich dieses Kind missen wollen. Unwertes Leben? Wer das sagt, kennt Lara nicht."

3. Kinder erziehen

Rituale pflegen

Wir sind nach Hannover gezogen. Unsere älteste Tochter ist 18 Jahre alt. Ostern kommt. „Wollen wir das in diesem Jahr nicht lassen", sagen die beiden Mittleren. Sind die Kinder nicht zu alt für Osterschweigen und Osterwasserholen, fragen die Eltern? „Nein", insistiert die Älteste, „das muss sein, wie es immer war!" – Auch der Osterwasserbrauch kommt (natürlich?) aus Hinterpommern. Wir haben ihn gar nicht regelmäßig praktiziert in meiner Kindheit, aber die wenigen Male waren mir so eindrücklich, dass ich ihn unbedingt in meine eigene Familie übernehmen wollte. Es geht so: früh am Ostermorgen schweigen wir wie die Frauen aus der Bibel, die voller Trauer zum Grab gingen. Aus einer Quelle wird Osterwasser geschöpft: Wasser zur Reinigung von allen Zweifeln und Fragen, zum Abwaschen von Schuld und Angst. Wer sich mit dem frischen kalten Wasser wäscht an einem frühen Ostermorgen, wird das Osterlachen auch erfahren. Es ist eine normale Reaktion, wir haben stets gelacht und uns dann „gesegnete Ostern" oder „frohe Ostern" gewünscht. Es ist das Osterlachen der Jüngerinnen, die erfahren: Jesus ist auferstanden, er ist wahrhaftig auferstanden!

Das Osterwasserholen gehörte jedenfalls zur Familientradition an den verschiedenen Orten, an denen wir gelebt haben. Nachdem die Entscheidung mehrheitlich dafür gefallen war, diese Tradition auch am neuen Ort beizubehalten, wurde also um sieben Uhr geweckt. Schweigend ziehen sich alle an: Ab ins Auto. Mein Mann hat eine Quelle gefunden, aber die Fahrt dauert dreißig Minuten! Wann kippt die Stimmung?, frage ich mich. Wir kommen an einen Wald im Deister, unsere Zwillinge stiefeln eher missmutig mit hochhackigen Sandalen durch den wunderbaren Aprilmorgen Richtung Quelle. Meine Sorge über einen verpatzten Ostermorgen wächst. „Gut, dass Schweigen angesagt ist!", denke ich. Und dann sind wir an der Quelle, eine nach der anderen wäscht sich. „Gesegnete Ostern!" wünschen wir uns, und Hanna kann sich nicht mehr halten vor Lachen. Irgendwie ist das für mich ein wunderbares Osterlachen. Wir fahren nach Hause, es wird gekichert und erzählt, gibt Osterfrühstück, Ostergottesdienst und dann Ostereiersuchen, schließlich ein Essen im Restaurant – frohe Ostern! Ein gelungenes Fest, das allen in Erinnerung bleiben wird.

Meine Erfahrung ist, dass Kinder Rituale brauchen und Rituale lieben. Das können auch nichtchristliche Rituale sein wie unser Zeugnisessen. Am Tag, an dem es Zeugnisse gibt, gehen wir essen. Die Zeugnisse werden gezeigt, manchmal bringen auch Eltern oder Geschwister ihre alten Ergebnisse mit. Mir ist wichtig: auch wenn es mal nicht so gut ausgefallen ist – und das gibt es auch bei uns immer wieder! –, muss Anerkennung sein und gegebenenfalls Trost. Gerade in solchen Situationen bewährt sich jene

Rede von der bedingungslosen Zuwendung. Meiner Erfahrung nach sind Kinder über eine schlechte Note selbst geknickt, sie empfinden sie als Demütigung. Da müssen Eltern nicht „nachkarten". Und wenn Schülerinnen und Schüler so tun, als gingen sie lässig darüber hinweg, ist das doch nur der Versuch, Haltung zu bewahren. Bei einem Zeugnisessen in schöner Atmosphäre kann es Lob geben und Trost, aber auch ein solidarisches Angebot von (Nach-)Hilfe, oder eine humorvolle Rede über Faulheit (von der die Kinder ja selbst genug wissen) hat ihren Ort. Ich will gleich zugeben: Nicht jedes unserer Zeugnisessen ist gelungen, manchmal gab es auch Krach. Das Ritual aber hat sich bewährt.

Mehr noch aber die dezidiert christlichen Rituale, zum Beispiel im Advent. Zunächst wird der Ewigkeits- bzw. Totensonntag abgewartet. Ich finde es schrecklich, dass die meisten Menschen das nicht mehr können. Da gibt es ab September Spekulatius zu kaufen, und wenn ich mich bei den Firmen beschwere, heißt es: „Der Verbraucher will das so." Stimmt das eigentlich? Wer schon im September Lebkuchen isst, dem kommen sie doch spätestens im November zum Hals raus! Die Citygemeinschaft Hannover erklärt mir, die Innenstadtbeleuchtung ab Anfang November sei eine „Winterillumination". Und die Weihnachtspyramide mit Glühwein ab Buß- und Bettag hat mit Advent nichts zu tun?!? Das ist eine Perversion der christlichen Zeitrhythmen aus kommerziellen Gründen und nichts anderes. Dieses Nicht-Warten-Können ist geradezu ein Kennzeichen unserer Gesellschaft, die sich vertrackterweise gerade damit alle Erwartung und Freude nimmt.

Sprüche wie: „Ich will alles, und zwar sofort!", oder jene Bankreklame: „Ich werde nicht verzichten!" sind dafür symptomatisch.

Wenn ich alles sofort und im Moment der Entstehung meines Wunsches bekomme, habe ich nichts mehr, worauf ich mich freue. Sich etwas wünschen, sehnsüchtig auf das neue Fahrrad warten, Ansparen auf das erste eigene Auto – das hält anscheinend kaum noch jemand aus.

Nicht-Warten-Können bedeutet ja auch, sich Glücksmomente entgehen zu lassen! Warten und Erfüllung, Arbeit und Urlaub, Schule und Ferien, das sind wichtige Lebensrhythmen. Selbst Pippi Langstrumpf will zur Schule gehen, nur damit sie Ferien hat. Das Burn-out-Syndrom, das war mir immer ein einleuchtendes Beispiel, bedeutet, dass Menschen den Rhythmus von Schaffen und Ruhe nicht mehr einhalten. Wer ohne Pause arbeitet, gerät aus dem Gleichgewicht. Diesem Syndrom erliegt, so habe ich den Eindruck, unsere gesamte Gesellschaft.

Im traditionell römisch-katholischen Fulda hat kein Geschäft, keine Straße vor dem Ewigkeitssonntag die Weihnachtsbeleuchtung angezündet. Aber wenn dann die Trauerzeit hinter uns lag, wie haben wir uns gefreut: In der Woche vor dem Ersten Advent ging Licht nach Licht an, bis schließlich die gesamte Stadt leuchtete, ein Fenster neben dem anderen. Dieses Bewußtsein für den Rhythmus der Jahreszeiten und des Kirchenjahres könnten auch evangelisch geprägte Gegenden neu entdecken!

Inzwischen höre ich immer öfter, dass Menschen – wie in den USA üblich – ihren Weihnachtsbaum schon lange vor Weihnachten aufstellen, nach dem

Motto: Man hat ja sonst so wenig davon. Ich empfinde das als Perversion, als Verdrehung von Rhythmen und Traditionen! Weihnachten beginnt erst am 24. Dezember. Und es ist eine schöne Sitte, dass der Weihnachtsbaum bis zum 6. Januar, Heilige-Drei-König, stehen bleibt. Aber da ist „man" in Skiurlaub ... Nach römisch-katholischer Tradition kann der Baum sogar stehen bis Lichtmess (2. Februar), aber da macht die Müllabfuhr nicht mit ... Dabei ist der Baum gewiss kein ursprüngliches Symbol des christlichen Glaubens. Aber er ist ein schönes Zeichen, das sich gut integrieren lässt. So hat die Adaptation fremder oder neuer Kulte durch das Christentum immer wieder und an vielen Orten funktioniert, es ist die Beheimatung, die Inkulturation des Evangeliums in einen bestimmten Kontext. Der bereits genannte Ökumenische Rat der Kirchen hat einige spannende Studien dazu veröffentlicht, wie Kultur und Evangelium sich gegenseitig beeinflussen, befruchten und wo Grenzziehungen notwendig sind. So fragen sich Kirchen im Pazifik, ob statt mit Weizen und Trauben, die Jesus in Palästina vorfand, das Abendmahl nicht mit der Kokosnuss gefeiert werden könnte, die bei ihnen wächst – während Weizen und Trauben importiert werden müssen. Die Ureinwohner Australiens fragen sich, ob sie nicht traditionell die Geister zu einer Taufe anrufen dürfen, weil doch Gott nicht auf Captain Cook gewartet haben kann, um den Heiligen Geist zu offenbaren. Wo können wir vorhandene Kultur integrieren, wo gibt das Evangelium Grenzen vor?

Advent jedenfalls beginnt bei uns in der Familie langsam in der Woche nach dem Ewigkeitssonntag. Die

Dekoration wird aus dem Keller geholt. Ein Zimmer nach dem anderen geschmückt, Lichter werden aufgestellt, jedes Kind bekommt einen Adventsstern ins Zimmer. Und am Ende der Woche, am Samstag vor dem Ersten Advent, werden Plätzchen gebacken. Leider bin ich kein großes Küchentalent, aber dieses Backen ist immer großartig, auch wenn die Produkte zu wünschen übrig lassen und ich meinen Mann jeweils auf einen Spaziergang geschickt habe, damit ihm nicht die Tränen in die Augen kamen beim Anblick der Küche. Manchmal war nicht so sehr viel zu retten bei drei oder vier Kleinkindern, die im Teig manschten. Aber zum Schluss war da zumindest immer dieser wunderbare Geruch und das Gefühl: Advent!

Jeden Sonntagmorgen darf ein Kind, das jüngste zuerst und bis zur vierten, die Adventskerze anzünden, und wir singen gemeinsam „Wir sagen euch an den lieben Advent" (Evangelisches Gesangbuch 17/ Gotteslob 115). Wieder ein Ritual. Selbst jetzt ist es unseren Kindern noch wichtig, auch wenn sie manchmal spät aufstehen und den Kirchgang verpassen. Überhaupt das Singen: Wo wird heute noch gesungen? Die Kirche hält da eine Tradition aufrecht, die wichtig ist. Und sie kommt in vielen Formen daher. Es gibt hervorragende Bachchöre und begeisternde Gospelchöre. Mädchenchöre, Jungenchöre, eine generationenübergreifende Posaunenchorarbeit, in der schon viele Kinder ein Instrument spielen gelernt haben, deren Eltern keine Musikschule finanzieren konnten.

Und damit sind wir beim Thema Kirchgang! Für manche scheint das mit Blick auf die Kinder einer Bischöfin, wie wohl auch auf die jedes Pastors und jeder Pastorin eine Art Gretchenfrage darzustellen. Ich will ganz ehrlich sein: Als wir im Landpfarramt lebten, mein Mann oder ich den Kindergottesdienst selbst gemacht haben, waren die Kinder natürlich immer dabei. Später in Fulda hat unsere älteste Tochter nach der Konfirmation Kindergottesdienst mitgestaltet und die jüngeren Geschwister kamen mit, während mein Mann und ich in den Erwachsenengottesdienst gingen. Wenn Verweigerungstendenzen eingetreten sind, haben wir uns auf die Formel geeinigt: Einmal im Monat ist „Muss". Und das wurde auf dem großen Familienkalender vermerkt.

Mit der Konfirmation haben wir den Kirchgang freigegeben bis auf die großen Feiertage, die „Muss" blieben. Wenn gemeckert wurde, warum, habe ich immer gesagt: Wir brauchen das Fest gar nicht zu feiern, wenn wir nicht in die Kirche gehen. Das finde ich in der Tat absurd, wenn jemand Weihnachten feiert, aber keinen Gottesdienst besucht. Konsequent wäre es, dann eben zu sagen: „Wir sind keine Christen und feiern Weihnachten nicht."

Unsere jüngste Tochter zieht den Erwachsenengottesdienst dem Kindergottesdienst vor und kommt hier und da mal mit. Inzwischen hat sie in Hannover Anschluss gefunden an einen Kinderchor und fühlt sich der dortigen Gemeinde zugehörig. Wenn wir alle gemeinsam gehen und keiner von uns predigen muss, besuchen wir den Gottesdienst „unserer" Gemeinde. Ich bin überzeugt, es ist wichtig, dass Kinder Gottesdienste kennen und die Lieder lieben lernen. Das neue evangelische Gesangbuch kann manche langweilige Predigt (ja, ich weiß, dass es die gibt, auch wenn das hoffentlich nur Ausnahmen sind …) verkürzen, weil es Texte und Gebete für verschiedene Gelegenheiten anbietet, die sich gut lesen lassen. Als unsere Kinder klein waren, habe ich sie in Phasen, die für sie etwas langweiliger waren, auch mit Stiften oder Bilderbüchern versorgt. Und ich habe ihnen geraten, den Raum wahrzunehmen.

Die Ansätze der Kirchenpädagogik, die ein ganz neues Phänomen ist, finde ich da hervorragend: Über den Kirchenraum erschließt sich der christliche Glaube. Sie bemüht sich darum, Kindern mit viel Behutsamkeit die „Sprache" der Kirchenräume zu vermitteln. Dabei nutzt sie neben den klassischen Methoden der Religionspädagogik auch künstlerische, dramaturgische, körperbezogene und meditative Vermittlungsansätze. Dieses lebendige Lernen von Kindergruppen in Kirchenräumen ist vielerorts noch ungewohnt. In der Hannoverschen Landeskirche besteht an der Marktkirche ein Pilotprojekt, das inzwischen viele andere erreicht, ja sogar ein Verband für Kirchenpädagogik ist gegründet worden. Die Wartelisten von Schulklassen sind lang! Und da fragt dann ein Junge, was denn die „Pluszeichen" auf Kirchtürmen bedeuten (!), und ein Mädchen will wissen, was „dem da" (Jesus am Kreuz) Schlimmes passiert ist.

Ganz kleine Kinder habe ich allerdings nicht mit in den Erwachsenengottesdienst genommen. Erst kürzlich habe ich einen festlichen Jubiläumsgottesdienst erlebt, mit Streichquartett und allem, was an Festlichem aufzubieten war. Auf der Empore war ein Paar mit Baby und Kleinkind. Beim ersten Einsatz der Streicher kam der Vater die knarrende Treppe hinunter, um ein Fläschchen zu holen. Beim zweiten Einsatz und während der Predigt quäkte das Baby laut und nahezu ununterbrochen, während des Vaterunsers schließlich brüllte das ältere Kind. So eine Situation ist für Eltern und Kinder und Gemeinde eine Qual. Das hat nichts mit Kinderfreundlichkeit oder Kinderfeindlichkeit zu tun, sondern mit der Frage, was Eltern sich und ihren Kindern zumuten. Niemand war glücklich über die Situation. Vielmehr sind in einer solchen Situation Aggressionen auf allen Seiten geradezu vorprogrammiert ...

Meine Kinder wissen, der Gottesdienst ist mir wichtig, und deshalb treffen sie mich, wenn sie stören. Als sie klein waren, habe ich sie in 10-Uhr-Gottesdienste nur mitgenommen, wenn es Familiengottesdienste waren. Ansonsten hätte ich das für mich, für sie, für die anderen für eine falsche, weil gequälte und gekünstelte Situation gehalten. Und: Kinder sollten natürlich wissen, worum es geht und was der Ablauf, die Liturgie bedeuten. Das ist ein Psalm, es folgt ein Gebet, eine Lesung, die Predigt, die Fürbitte, Vaterunser und Segen. Auch das können sie heute im Gesangbuch mitverfolgen, und gerade mit neu erworbenen Lesekenntnissen macht ihnen das nach meiner Erfahrung durchaus Spaß. Sie spüren durchaus das Besondere, und wenn sie dann das Glaubensbekenntnis oder das Vaterunser mitsprechen können, ist es nach meiner Erfahrung für sie ein Erfolgserlebnis, macht sie stolz.

Gottesdienste können und müssen sich sicher verändern. Es kann Gottesdienste für spezielle Zielgruppen geben, für Familien mit kleinen Kindern beispielsweise, für Jugendliche. Aber es gibt auch das Versinken in ein jahrhunderte- und jahrtausendealtes

Ritual, bei dem ich nicht nach jedem Detail fragen muss, sondern mich loslassen und anvertrauen kann. Tradition und Innovation: beides ist gefragt!

Und Weihnachten, das bedeutet für mich: es beginnt mit dem Weihnachtsoratorium beim Baumschmücken. Bei uns früher zu Hause durften erst diejenigen mitschmücken, die konfirmiert waren. Bei meinen eigenen Kindern tat es mir Leid, dass sie dieses Verwandeln eines Baumes nicht miterleben sollten. Seitdem wurde am 24. morgens gemeinsam geschmückt. Die Rollen sind eingespielt: Mama koordiniert die Kerzenhalter, Esther liebt kitschige Glamourpferde, Sarah übernimmt die Verantwortung für die leeren Stellen, Hanna hängt vor allem Rot, Lea beobachtet eher und platziert dann das Stück, mit dem sie schon länger geliebäugelt hat. All die einzelnen Teile sind irgendwann hinzugekommen an einer Station unseres Lebens als Familie. Es fällt mir ungeheuer schwer, etwas auszusortieren, weil so viele Erinnerungen daran hängen. Aber mehr und mehr zeigt sich, dass es nötig sein wird, denn inzwischen ist kein kunterbunter Kinderbaum mehr gefragt, sondern ein „seriöser" Weihnachtsbaum. Mit den jährlich wechselnden Designerbäumen – „dieses Jahr in Blau", oder: „Brigitte rät: Zum Weihnachtsfest ganz in Silber" – habe ich mich nie anfreunden können.

Als ich mit meinen Schwestern darüber sprach, wurde mir deutlich, dass wir die Weihnachtsbräuche unseres Elternhauses in unsere Familien transportiert haben, sie ähneln sich sehr. Der Baum ist geschmückt, die Kinder legen ihre Geschenke darunter, dann wird das Weihnachtszimmer abgeschlossen.

„Irgendwie" landen die anderen Geschenke darunter. Es folgt das Warten, die eigenen Zimmer sind aufzuräumen, es wird gespielt, zur allergrößten Not ist Fernsehen erlaubt: „Wir warten aufs Christkind" – das gibt es tatsächlich immer noch. Es folgt der Kirchgang, bei dem bei uns in Spieskappeler Zeiten der Vater, in Hannover nun die Mutter den Gottesdienst hält. Nach dem Gottesdienst das Abendessen, seit einigen Jahren schlicht Pizza, das ist gut vorzubereiten, einfach und bei allen beliebt. Anschließend ziehen sich die Kinder zurück, während die Eltern das Weihnachtszimmer mit Kerzen erleuchten – wir hatten übrigens nie elektrische Kerzen, egal wie klein die Kinder waren. Es hat nicht ein einziges Mal Probleme gegeben, auch wenn ich aus Vorsicht immer einen Wassereimer in Reichweite hatte ...

Es läutet ein Glöckchen, die Weihnachtsgeschichte aus der Bibel (Lukas 2) wird vorgelesen, und wir singen zusammen, manches Jahr haben die Kinder musiziert. Dann kommt das Auspacken der Geschenke. In früheren Jahren ging das blitzschnell. Ja, ich erinnere mich an ein Weihnachtsfest, als Hanna und Lea mehr Spaß an dem bunten Papier als an dem Inhalt hatten. Heute geht es ruhiger zu, es wird geschaut, was hast du bekommen, wer hat mir was geschenkt. Briefe werden vorgelesen, es ist ein gemütlicher Abend. Oft gehen einige dann noch in den Mitternachtsgottesdienst. Das ist eine besondere Erfahrung, in der tiefsten Nacht zusammenzukommen zu Gebet und Gesang. Im vergangenen Jahr war ich mit meinem Mann auf dem Hauptbahnhof in Hannover, wo die Stadtmission ein Weihnachtsliedersingen veranstaltet hat, bei dem ich ein paar

Worte gesagt habe. Das war besonders spannend: ein Obdachloser, der bei einer Dame im Pelzmantel mit in den Liedzettel schaute, Durchreisende, solche, die eigens gekommen waren, Junge und Alte, Kinder und Erwachsene. Die Heilige Nacht erleben, wahrnehmen, erfahren, das entspricht der Suche nach sinnlicher Erfahrung im christlichen Glauben.

Gerade der Protestantismus hat hier einiges neu zu entdecken, so sehr ich den Zusammenhalt von Glaube und Vernunft an ihm schätze. Aber es muss auch vom Geheimnis des Glaubens die Rede sein, und es ist in keiner Weise anrüchig oder zu sentimental, im Gottesdienst „Stille Nacht" zu singen. Auch die großen Gefühle haben Raum im Glauben. Mein schönstes Weihnachtsgeschenk im vergangenen Jahr? Ich erinnere mich genau daran: meine Tochter Hanna, die zur Zeit sehr kritisch ist, sagte: „War übrigens 'ne gute Predigt, Mama." Das macht froh ...

Für Pastoren oder Pastorinnen ist der Heilige Abend eine besondere Herausforderung. Familie und Beruf gerecht werden – die Herausforderung wird an diesem Punkt zugespitzt und exemplarisch sichtbar. In den Jahren im Pfarrhaus war es oft schwierig, wenn mein Mann in der Regel drei Gottesdienste hatte und ich einen. Der Heilige Abend ist wirklich ein Balanceakt für Pfarrfamilien. Meist hatte mein Mann den letzten Gottesdienst um 22.30 Uhr, den ersten wieder am nächsten Morgen um 6.30 nach alter Tradition im Nachbarort Linsingen. Da ist es gar nicht so einfach, eine „Stille Nacht" in der Familie zu feiern.

Selbst in Phasen, in denen unsere Kinder nicht gerade einhellig unsere Grundüberzeugungen geteilt haben, wurden diese unsere Familienrituale respektiert. „So ist das bei uns", heißt es. Tischgebet mit anschließendem Anfassen: „Guten Appetit!" Wenn die Freundin türkischer Herkunft kommt, muss das sein? Ja, sie ist Gast bei uns. Und sie erweist sich als durchaus interessiert, macht mit. Als ich kürzlich eine große Schule besucht habe und eine Stunde mit den Oberstufenklassen diskutiert habe, war für mich interessant, dass gerade die Mitschülerinnen und Mitschüler muslimischer Herkunft mich intensiv befragt haben. Und genauso intensiv haben die anderen zugehört. Ich hatte den Eindruck, sie wollen wissen: „Kann die standhalten?" Die Christinnen und Christen unter ihnen waren stolz, dass da eine von ihnen Paroli bieten, über ihren Glauben Auskunft geben kann. Und die anderen waren neugierig: Packt „die Alte" das?

Manches Mal habe ich den Eindruck, die Klarheit, mit der manche Muslime in unserem Land ihren Glauben praktizieren, bringt ihnen durchaus Respekt, vielleicht sogar Neid ein: Die wissen, was sie glauben und woran sie sich halten können. Das führt auch Missachtung und Diskriminierung im Gepäck, das sehe ich wohl. Im tiefsten aber scheint es mir eher eine Eifersucht zu sein: Muslime haben etwas, was uns verlorengegangen ist. Ähnliches gilt auch für den Familienzusammenhalt. Auch deshalb wäre ein christlich-muslimischer Dialog interessant. Um Dialoge aber sinnvoll zu führen, müssten die Christen sich ihrer „Sache mit Gott" (Heinz Zahrnt) sicher sein. Sie sollten wissen, was sie glauben, ihre Rituale kennen. Es ist oft die eigene Unsicherheit, die dazu führt, dass Christen sich durch andere Gläubige bedroht fühlen. Oder, und das scheint mir das andere Extrem, es ist eben diese Unsicherheit, die sie zu großen Bewunderern anderer Religionen – etwa des Buddhismus – macht, während sie die eigene herabsetzen.

Bei der Weltausstellung in Hannover 2000 gab es einen „Tag der Weltreligionen". Da die Referenten ausschließlich Männer waren, wurde ich schließlich gebeten, die Rede bei der Abschlusskundgebung zu halten. Mein Manuskript war eher schlicht, aber klar: Ich bin Christin, ich bekenne mich zu meinem Glauben und trete für die Glaubensfreiheit anderer ein. Gleichzeitig erwarte ich, dass ihr für die gleiche Freiheit meiner Glaubensgeschwister in den Ländern eintretet, in denen eure Religion die Mehrheit bildet. Und ich habe erklärt, dass die Religionen allzu lange zum Unfrieden in der Welt beigetragen haben und nun endlich Faktoren des Friedens werden sollten.

Erstaunlicherweise wurde mir erläutert, so direkt könne ich das nicht sagen, im Dialog müsse man doch vorsichtig sein und dürfe anderen nicht auf die Füße treten. Schließlich habe ich erklärt, ich halte meine Rede entweder so, oder sie bitten jemanden anderes um die Rede. Und siehe da, ich habe diese einfache Rede gehalten, und sie wurde mit ganz großer Zustimmung aufgenommen. Ehrlichkeit und Offenheit scheinen mir nötig im interreligiösen Dialog, in der Begegnung zwischen Religionen. Ein wichtiges Mittel dafür, ja wohl sogar die Voraussetzung, ist das Wiederfinden der eigenen Wurzeln, Quellen und Rituale.

Wer Kinder erzicht, muss ihnen nach meinem Verständnis solche Wurzeln geben, eben gerade auch religiöse Wurzeln. Sie führen meines Erachtens eben nicht zum Fanatismus, es sei denn, sie werden mit Fundamentalismus getränkt. Was der anrichten kann, ist allabendlich in den Nachrichten zu sehen: Steine werfende Jungen mit hasserfüllten Gesichtern. Verschleierte weinende Mädchen, jeder Zukunft beraubt. Verlorene Kindheit, geopfert auf dem Altar der Interessen Erwachsener. Dabei ist es wichtig zu differenzieren: Die Auseinandersetzungen in Nordirland haben mit Katholizismus und Protestantismus nichts zu tun. Beide Konfessionen werden missbraucht und lassen sich zum Teil missbrauchen, um Auseinandersetzungen zu rechtfertigen, die völlig sinnlos sind. Die Terroranschläge in New York und Washington zeigen in Extremform, wie religiöser Fanatismus Hass und Wahn hervorbringen kann.

Wer die Religionen dieser Welt ernst nimmt anhand der Dokumente ihrer Gründer (Gründerinnen gibt es anscheinend nicht ...), kann nicht ignorieren, dass sie alle auf Frieden gerichtet sind. Wer nämlich glaubt, dass die Welt von Gott geschaffen ist, weiß sich Gott verantwortlich gerade auch mit Blick auf die Liebe zu kommenden Generationen. Das gilt wohl religionsübergreifend. Deshalb ist es falsch und gefährlich, den eigenen Kindern gegenüber eine andere Religion abzuwerten. Respekt vor der Religiosität anderer ist notwendig. Meiner Erfahrung nach ist er aber nur möglich, wenn ein Kind die eigene Religion kennt und weiß: Das glaube ich, das glaubt er, das glaubt sie.

Mit Blick auf Deutschland vor 1933 frage ich mich: Warum eigentlich war es nicht möglich, den Reichtum des Judentums zu entdecken? Warum gab es so wenig Dialog, Austausch zwischen den Religionen? Als mein Mann in unserer ersten Gemeinde mit Konfirmandinnen und Konfirmanden nach den Spuren jüdischen Lebens suchte, kamen abgrundtiefe Missverständnisse ans Tageslicht. Eine alte Frau erzählte, „die" hätten eben den Sonntag nicht geheiligt. Eine andere, die als „Mädchen" bei einer jüdischen Familie gearbeitet hatte, erzählte von dem „komischen" Verhalten an Samstagen ... Das alles beruht auf Unkenntnis, die Angst macht und allzu leicht missbraucht wird.

Ich denke, wir begegnen uns auch heute in Deutschland viel zu wenig. Das gilt schon für die vielen ausländischen christlichen Gemeinden. Allein in Hannover gibt es neben den evangelisch-lutherischen und römisch-katholischen Gemeinden solche aus der Ukraine. Es gibt alt-katholische und serbisch-orthodoxe, russisch-orthodoxe und evangelisch-methodistische Gemeinden und viele andere mehr. Viel zu selten begegnen wir zudem anderen Glaubensgemeinschaften, Menschen anderer Herkunft. Eine Türkin in Kassel sagte mir einmal: „Wissen Sie, ich lebe jetzt seit sechzehn Jahren in Deutschland, aber ich war noch nie im Wohnzimmer einer deutschen Familie. Es würde mich einfach interessieren, wie es da aussieht ..."

Grenzen setzen

Es gibt, so meine Erfahrung, Orte, die nicht kindgerecht sind und die sich bei aller Kinderliebe nicht kindgerecht gestalten lassen.

Wer Präsenz von Kindern erzwingt um vermeintlicher Kinderfreundlichkeit willen, wird Situationen herbeiführen, in denen sich weder Eltern noch Kinder, noch die anderen Anwesenden wohl fühlen. Da sind die Eltern, die sagen: „Ach, das macht ihm gar nichts aus, bis zwei Uhr morgens bei einer Party dabei zu sein." Sowohl für die Eltern als auch die anderen Gäste wäre es besser gewesen, das Kind mit einem Babysitter zu Hause zu lassen. Und vor allem für das Kind, das im Laufe des Abends völlig überdreht, quäkt, zwischen Weinflaschen und Aschenbechern umherrobbt, mal auf den einen, mal auf den anderen Schoß gehoben wird. Am Ende des Abends findet es niemand mehr niedlich …

Oder die Mutter, die mit ihren beiden Kleinkindern allein auf dem Kirchentag ist – eine Quälerei für alle drei! Es ist zu voll, zu heiß, zu eng – und weder kann die Mutter einen Vortrag hören, noch wollen die anderen ständig ihre Kinder halten, noch können die Kinder an der Sache irgendetwas gut finden.

Es gibt Eltern, die erwarten, das jeder Mensch sie und ihre Kinder bewundert. Nein, ich möchte nicht, dass mir die gestresste Mutter im ICE „ganz unkompliziert" ihr Kind auf den Schoß setzt, während sie sich einen Kaffee holen geht. Und ich finde es nicht ausnehmend reizend, wenn während der Predigt ein kreischendes Kind durch den Gottesdiensraum rennt. Gewiss gilt es, kinderfreundliche Räume zu schaffen, Familiengottesdienste beispielsweise. Selbstverständlich freue ich mich, wenn Eltern ihre Kinder in die Kirche mitbringen. Und es stört auch niemanden, wenn sie ein Bilderbuch anschauen oder gestillt werden oder ein bisschen herumgehen. Aber ein schreiendes Kind einen vollen Gottesdienst stören zu lassen, das zeugt davon, dass Grenzen verloren gegangen sind.

Es gibt Grenzen für Eltern, die neu gelernt werden müssen. Und die sind nicht gleich kinderfeindlich. Es gibt Räume für Erwachsene, die nicht kindgemäß sind. Und es gibt Räume für Kinder, aus denen sich die Erwachsenen rauszuhalten haben. Die Mutter ist nicht die beste Freundin des Kindes, der Vater nicht der beste Freund. Sie sind Eltern. Die Rollen, die Möglichkeiten und die Grenzen müssen klar sein.

Grenzen zu ziehen ist auch eine zentrale Notwendigkeit in der Erziehung. Zumal wenn es um gewaltfreie Erziehung geht. Es gibt in der Bibel, im Buch der Sprüche, Verse wie: „Ein weises Kind liebt Zucht" (13, 1) oder: „Wer seine Rute schont, der hasst seine Kinder" (13, 24). Auf dieser Grundlage wurden immer wieder Kinder gezüchtigt, geschlagen, erniedrigt, missbraucht. 80 Prozent der Kinder in Deutschland geben in Umfragen an, von ihren Eltern geohrfeigt worden zu sein, 1,3 Millionen von ihnen werden regelmäßig körperlich misshandelt. Wir wissen heute zuverlässig, dass Kinder, die in ihrer Erziehung keine gewaltfreie Konfliktlösung lernen, zu Gewalt im Erwachsenenleben neigen. Kinder dagegen, die gewaltfreie Konfliktlösung gelernt haben, haben Zivilcourage. Die Förderung von Vertrauen und Verantwortung sowie Konfliktfähigkeit in der Erziehung fördert die moralische Urteilsfähigkeit von Kindern.[26] Meines Erachtens widersprechen die gewaltfreie Haltung Jesu und seine liebevolle Zuwendung

---

[26] Vgl. Christian Pfeiffer, Kriminalprävention im Jugendgerichtsverfahren, 1983, S. 106 ff.

zu jedem Menschen jenen Versen aus dem Buch der Sprüche. Sie legitimieren heute keine Schläge mehr!

Was können beispielsweise die Kirchen tun? Allein die Evangelisch-Lutherische Landeskirche Hannovers hat die Trägerschaft von 561 Kindergärten mit 43 450 Plätzen, hinzu kommen 154 Spielkreise. Das sind großartige Möglichkeiten, Gewaltfreiheit mit den Kindern einzuüben und den Eltern Erziehungsbeistand zu leisten.

Unter Familienministerin Bergmann hat die Gesetzesänderung der Bundesregierung stattgefunden, die nunmehr das Recht jedes Kindes auf gewaltfreie Erziehung festschreibt. Die begleitende Kampagne *„Mehr Respekt vor Kindern"* hat eindrücklich gezeigt: „Nicht vermehrte Kontrolle der Eltern, Strafe oder Entzug des Sorgerechts sind das Ziel des Gesetzes, sondern Hilfen für die betroffenen Kinder, Jugendlichen und Eltern."[27] Die Gesetzesinitiative samt der begleitenden Kampagne – unter anderem unterstützt durch einen Brief auf Deutsch, Türkisch und Russisch[28] – finde ich hilfreich und wichtig.

Wie aber wird gewaltfreie Erziehung in die Praxis umgesetzt und vor allen Dingen eingeübt? Ein Kind kann den Vater wie die Mutter zur Weißglut, an die Grenzen des eigenen Willens zur Gewaltfreiheit bringen. Am Strand in Frankreich: Mutter mit drei Kindern. Zwei Kinder sausen ab ins Wasser, die Mutter, nachdem sie die Kinder hierher gefahren hat, den Sonnenschirm aufgestellt, das Essen in den Schatten

---

[27] Informationsbroschüre zur gewaltfreien Erziehung, hg. v. Bundesministerium für Familie, Senioren, Frauen und Jugend, S. 5.
[28] Vgl. HAZ 16./17.6.2001.

verfrachtet und alle eingecremt hat, lässt sich wohlig auf ihre Matte fallen. Aber: aus ihrer Hoffnung auf Ruhe wird nichts. Der jüngste Sohn, vielleicht fünf Jahre alt, beginnt mit dem Handtuch auf sie einzuschlagen. Warum ist er aggressiv? Vielleicht kann er noch nicht schwimmen und ist eifersüchtig auf die anderen? Oder er hat Angst vor den Wellen und will es nicht zeigen? Oder er ist müde von der Autofahrt in der Hitze? Jedenfalls will er die ungeteilte Aufmerksamkeit seiner Mutter *jetzt*. Nützt es etwas, die Gründe zu erforschen? Würden Pädagogen der Mutter jetzt raten, ganz in Ruhe mit dem Kind zu besprechen, was denn das Problem ist? – ehrlich gesagt: das wäre nicht sehr praxisnah ...

Es ist klar, dass hier gleich zwei Welten aufeinanderprallen – und richtig, schon kracht es. Die Mutter, erschöpft und genervt, hat dem Kleinen eine gewischt, er plärrt, die anliegenden Strandbewohner schauen vorwurfsvoll, also ist die Mutter wiederum gestresst, tröstet den kleinen Diktator und kauft ihm ein Eis. Gewaltfreie Erziehung: das sagt sich so leicht.

Mein persönliches Rezept ist: weggehen, tief Luft holen und bis zehn zählen. Es hat nicht immer funktioniert, das gebe ich zu, aber fast immer! Meine älteste und meine jüngste Tochter haben je eine Ohrfeige abbekommen, meiner Tochter Lea habe ich einmal den Hintern versohlt und Hanna einmal angebrüllt, bis sie geweint hat. Ein Ausrasten pro Kind – ich rechne mir positiv an, dass es nicht mehr war. Meine Kinder erinnern sich aber an jede Situation ganz genau. Denn es war jeweils eine Grenzüberschreitung, die ihre Integrität verletzt hat. Hier geht es um Macht, um das Recht des Stärkeren und um

Demütigung. Im Rückblick weiß ich genau, es waren Situationen der persönlichen Überforderung, in denen ich die Nerven verloren habe. Und die gibt es einfach. Außer den einzelnen Episoden waren das immer wieder überspannte Bögen: Sie reißen naturgemäß. Das letzte Mal im Urlaub: Ich komme mit fünf Kindern bzw. Jugendlichen vom Strand. Alle wollen duschen. Esther besteht darauf, als Erste zu duschen, alle geben nach, sie ist ja die Jüngste. Während ich Abendessen koche, hoffe ich, bis das Essen gar ist, sind alle fertig. Aber Esther duscht und duscht und duscht ... Ermahnung: „Esther, mach schon, die anderen wollen auch noch!" Erwiderung (vorwurfsvoll): „Ich mach', so schnell ich kann!" Zweite Ermahnung: „Esther, nun los, es gibt gleich Essen." – „Immer schimpfst du mit mir! Die Großen, die können duschen, so lange sie wollen." Und dann, nach weiteren Minuten, in denen die anderen meckern, reicht es. Ich frage nicht mehr: was würde Hartmut von Hentig tun (falls er so etwas je erlebt hat ...), sondern stürme ins Badezimmer, dusche sie fertig ab und hieve sie aus der Wanne. Sie weint. „Du tust mir weh!" Gewalt!!! Das Abendessen findet jedenfalls überhaupt nicht in der erhofften schönen Urlaubsstimmung statt ...

Alle Eltern kennen solche Situationen. Manchmal denke ich, nur die Verfasser pädagogischer Grundsatzwerke (denen ich natürlich nicht unrecht tun will!) kennen sie nicht. Ich könnte eine Vielzahl erzählen. Der Balanceakt findet statt in dem Spielraum zwischen Freiheit und Grenzziehung. Das total egoistische, verzogene Kind (das im übrigen bei den Gleichaltrigen sehr unbeliebt ist) weiß, dass es jede

Grenze überschreiten kann, es hat sich Mama oder Papa oder beide zu Sklaven erzogen, die meinen, alles aus Liebe zu tun. Das total unterdrückte Kind hat Angst. Es erwartet bei jeder Grenzüberschreitung Schläge bzw. Sanktionen. Ich habe es bei Kindern, die bei uns zu Besuch waren, zumindest ansatzweise erlebt: Wenn ich die Stimme erhebe, und sei es im Scherz, ducken sie sich, weil sie einen Nackenschlag im wahrsten Sinne des Wortes erwarten. Es sind Kinder, die Gewalt kennen. Als mein Mann sich einmal mit einer unserer Töchter gebalgt hat, ist eine Freundin in einen Schrank geflohen. Sie hatte reale Angst in einer Situation, die bei uns ein lustiges Kräftemessen bedeutet hat.

Ich habe Kinder gesehen, die sich nicht trauen, etwas zu nehmen, und dann einen unehrlichen verschlagenen Eindruck erwecken, wenn ich sie frage: „Hast du zufällig Leas Gameboy gesehen?" Der Junge wollte ihn nicht klauen, er wollte nur damit spielen, und das ist in Ordnung. Aber er wusste nicht, ob er durfte, und aus Angst vor der Konsequenz hat er lieber gelogen. Solche Kinder tun mir Leid, weil die Angst, etwas falsch oder richtig zu machen, ihr Handeln diktiert. Können sich Erwachsene diese Angst vorstellen? Sie sind es ja, die die Definitionsmacht über Falsch und Richtig haben, und sie können die Regeln jederzeit ändern! Aber sie haben letzten Endes dieselbe Angst vor dem Ertappt-Werden und reagieren in entsprechenden Situationen genauso.

Es ist wichtig für Kinder, Grenzen zu kennen. Und Grenzüberschreitungen müssen Sanktionen zur Folge haben, sonst werden die Grenzen zur Farce, und die Unsicherheit der Kinder wächst. Aber Sanktionen dürfen nicht physische oder psychische Gewalt bedeuten. „Wenn du dein Zimmer nicht aufräumst, darfst du heute nicht fernsehen." Das ist eine klare Abmachung. Es muss allerdings geklärt sein, ob die Aufräumarbeit zu bewältigen ist. Was heißt aufräumen? Wenn ich höre, dass dabei Wäsche sortiert werden soll, ein Bücherregal und Schubladen neu geordnet werden müssen, dann ist das – zumindest für Kinder in einem bestimmten Alter – eine Überforderung.

Oder wenn etwa Vater oder Mutter im Zorn den gesamten Schreibtischinhalt auf den Boden gewischt haben (nicht unüblich, habe ich auch schon fertig gebracht), wird es schwer für das Kind, Ordnung zu machen – die Voraussetzungen sind zu hoch. Das Kind wird irgendwann völlig verheddert und verzweifelt aufgeben, was zu weiteren Auseinandersetzungen führen muss. Es sei denn, ja es sei denn, Vater oder Mutter springen über den Schatten ihres eigenen Zorns, kommen zurück und sagen: „Komm, wir machen das zusammen." Das hat meines Erachtens Vorbildcharakter: zurückkommen, miteinander reden, ruhiger werden und eine Lösung finden. „Lass die Sonne nicht über deinem Zorn untergehen!", hat uns unsere Großmutter immer gesagt. Das ist eine gute biblische Weisheit (Epheser 4,26), die Alltagskraft hat. Eine ausgestreckte Hand, eine Versöhnung vor dem Schlafengehen tut gut und kann einen neuen Anfang für den neuen Tag ermöglichen.

Wer aber stillschweigend akzeptiert, dass einfach alles, was da liegt, in eine Schublade gestopft wird, macht das ganze Abkommen lächerlich. Wer schließlich lächelt und sagt: „Natürlich kannst du fernsehen, war doch nicht ernst gemeint", verunsichert das Kind.

Es muss geklärt sein, was die Abmachung bzw. Aufgabe bedeutet. Wenn deutlich ist, das Kind hat sein Bestes getan, muss auch die Fernseherlaubnis erfolgen. Wenn das Kind aber motzend in der Ecke gesessen hat, ist es falsch, aus lauter schlecht verstandener Liebe dem „armen Kind" dennoch das Fernsehen zuzugestehen. Die Regeln müssen klar sein, die Aufgaben zu bewältigen – das gilt auch für Jugendliche (s. u.).

Im übrigen wird die Vorbildfrage auch hier sehr ernst genommen. Wie sauber hält denn die Mama ihren Schreibtisch? Wie oft saugt denn der Papa das Wohnzimmer? Finde ich nie, was ich suche? Warum sollte mein Kind das tun? Stellen die Erwachsenen das von ihnen benutzte Geschirr in die Maschine? Lasse ich Reste auf meinem Teller, warum sollten meine Tochter oder mein Sohn das nicht auch tun?

Überhaupt, das Essen: Muss ein Kind wirklich essen, auch wenn es keinen Hunger hat? Ich bezweifle das, würde aber gleichzeitig einschreiten, wenn es eine halbe Stunde nach dem verweigerten Mittagessen ein Nutellabrot will. Wiederum: Klare Regeln sind gerade für Kinder notwendig. In einer Kultur, die mehr und mehr zu Fastfood-Gewohnheiten übergeht, muss das Essen offensichtlich wieder ganz neu gelernt werden. Eine gemeinsame Mahlzeit am Tag sollte auch in einem Haushalt mit ein oder zwei Berufstätigen organisierbar sein. Wenn jeder sich zu jeder beliebigen Zeit irgendetwas in die Mikrowelle schiebt, geht nicht nur Esskultur verloren, sondern, das ist wesentlich gewichtiger, gemeinsames Leben. Das mag für manche banal klingen. Bei den vielen Kindern und jungen Leuten, die ich im Laufe der Jahre an unserem großen Holztisch erlebt habe, scheint mir das aber eben gar nicht banal. Für sie war unser gemeinsames Essen oft ein besonderes Erlebnis. Und wenn es statt sechsen sieben, acht oder neun sind, ist das eben kein Problem. (Ich muss dabei deutlich sagen: Mein Mann macht das letzten Endes möglich, bei mir gibt es in der Regel schnelle Pfanne, Spaghetti oder Pizza, allerdings jeweils auch genug, sodass andere mitessen können.) Den Spruch meiner Großmutter mochte ich immer: „Gieß Wasser zur Suppe, heiß alle willkommen."

Von der christlichen Tradition her ist mir dabei das bereits erwähnte Tischgebet wichtig. Miteinander zu danken, wenigstens diesen kurzen Moment innezuhalten, zu wissen, dass Essen nicht selbstverständlich ist, und sich einmal um den Tisch herum an den Händen zu halten: „Guten Appetit!", das schafft einen gemeinsamen Beginn. Ich gebe zu, dass auch bei uns manches Mal ein gedankenloses Ritual sich vollzieht. Aber ich bin überzeugt, dass es in der Tiefe wirkt. Beispielsweise wird am Sonntagmorgen und an Feiertagen ein besonderes Morgengebet vor dem Frühstück gesprochen. Das sitzt so tief, dass ich es auch in einem Hotel unterwegs spreche: „Fröhlich bin ich aufgewacht, gut hab' ich geschlafen die Nacht. Du warst mit deinem Schutz bei mir, Vater im Himmel, hab Dank dafür. Behüte uns auch diesen Tag, dass uns kein Leid geschehen mag."

Bei den Abendgebeten unserer Kinder habe ich zunächst „Müde bin ich, geh zur Ruh" (EG 484) eingeführt. Später wurde der Anhang immer freier. Auch das Vaterunser haben sie an dieser Stelle gelernt, als sie älter wurden und bis sie gesagt haben: Ich bete

allein. Dann ist der Zeitpunkt für die eigene Gottesbeziehung gekommen, die ich ihnen überlassen muss
– und Gott. Meine jüngste Tochter hat zwei Gebete
meiner Kindheit reaktiviert: „14 Englein um dich
stehn" und jenes Lied mit dem Vers: „Dies Kind soll
unverletzet sein" (EG 477). Das hatte ich selbst lange
Jahre für zu kitschig gehalten, sie aber fand darin Halt
und Kraft und Zuversicht in all den Ängsten, die ein
kleines Mädchen umtreiben.

Ich finde es außerordentlich wichtig, dass Kinder
Gebete kennen. In dem Film *Das doppelte Lottchen*
(nach Erich Kästner) stehen die Zwillinge vor der Tür,
hinter der die Eltern über ihr Schicksal entscheiden.
„Jetzt müssten wir beten!", sagt die eine. „Weißt du
was?" Die andere denkt kurz nach und sagt laut:
„Komm, Herr Jesus, sei du unser Gast und segne, was
du uns bescheret hast!" Unpassend, gewiss, aber das
Kind hatte noch Worte, ihre Sorge und Angst vor Gott
zu bringen, das war eine Ressource, die aktiviert werden konnte. Wie viele Kinder haben sie heute noch?
Sie brauchen sie aber, dringend.

Kinder wahrnehmen

In dem Film *Chocolat* mit Juliette Binoche kommt
die Mutter eines Jungen vor, die ihm die Kindheit
nimmt. (Übrigens auch ein Priester, der lange
braucht, seiner Sehnsucht nachzugeben, aber das ist
ein anderes Thema – immerhin, ein sehenswerter
Film …). Jene Mutter bestimmt, wie der Sohn sein
soll, wie er sich kleiden und benehmen soll, sie will
ihn nach ihrem Bilde schaffen. Ihn selbst als Persön-

lichkeit, seinen Charakter, seine Wünsche, Begabungen nimmt sie dabei nicht wahr. Es dauert lange, bis sie erkennen kann, dass er eine eigenständige Persönlichkeit ist. Längst hat er eigene Freunde gefunden, die Großmutter kennen gelernt, abseits von den mütterlichen Regeln. Regeln machen ja nur Sinn, wenn sie klar und einsichtig sind, wenn sie nicht zur Geheimniskrämerei verleiten, sondern zur Offenheit. Gewiss, das Brechen einer Regel, der Versuch, es zu verbergen, die Furcht vor den Konsequenzen, das gehört auch zu den vielleicht notwendigen Kindheitserfahrungen.

Ich erinnere mich aus meiner Kindheit, dass vor dem Kaufhaus nebenan ein elektrisches Schaukelpferd stand. Mit zwei Groschen setzte es sich in Bewegung. Meinen Freundinnen und mir hat es unglaubliche Freude bedeutet, darauf zu sitzen. Als die vier Groschen verbraucht waren, bin ich nach Hause gegangen und habe sechs Groschen aus dem Portemonnaie meiner Mutter genommen. Das lag offen herum, wir wussten als Kinder, wo – das war Vertrauenssache. Jede Freundin und auch ich sind noch einmal gefahren, haben gejuchzt. Es war toll, ich war die Heldin. Aber das schlechte Gewissen saß so tief, ja es hat sich noch dadurch verschlimmert, dass meine Mutter nichts gemerkt hat, so dass ich es schließlich nach drei schlimmen Tagen gebeichtet habe. Meine Mutter hat großartig reagiert. Sie hat zum Ausdruck gebracht, dass es ihr weh tat, dass ich ihr Vertrauen missbraucht habe. Aber noch höher hat sie meine Beichte, die Ehrlichkeit eingestuft. Und sie hat deutlich gemacht: Wenn du mich gefragt hättest, hätte ich dir das Geld doch gegeben. Das muss ungefähr 1965 gewesen sein. Meine Mutter hat mir Sicherheit gegeben: Es ist richtig, sich zu einem Fehlverhalten offen zu bekennen. Das wird honoriert, nicht mit Strafe, sondern mit Respekt. Mir war das eine Lektion, die eine Grundhaltung für mein ganzes Leben bestimmt hat: Es ist besser, einen Fehler einzugestehen, als alles zu tun, ihn zu vertuschen. Und: es ist besser zu verhandeln als klammheimlich Tatsachen zu schaffen.

Ganz anders habe ich die Situation bei der Freundin einer Tochter erlebt. Sie wollte an einem Samstag zu uns kommen. Es fehlten im Haushalt aber fünf Mark. Die Tochter wurde beschuldigt. Sie sagte, sie hätte sie nicht genommen. Die Mutter verdächtigte sie dennoch, und das Kind bekam Ausgehverbot. Die Ungerechtigkeit einer solchen Beschuldigung tut weh! Meine Tochter und alle Freundinnen haben sich empört, haben schließlich die fünf Mark gesammelt und deponiert, um der Mutter ihr Unrecht zu zeigen. Das war gewiss auch nicht richtig, aber ich konnte die Kinder verstehen ...

Kinderpsychologen erklären oft, dass Eltern ihre Kinder nicht sehen, nicht in ihren Eigenheiten annehmen. Ein Kind muss sich in Freiheit entwickeln können, und kein Kind ist wie das andere. Das eine wird nach der angebotenen Gitarre greifen und großes Talent entwickeln, obwohl niemand in der Familie ein Instrument spielt. Dem anderen wird man mühevoll einige Flötentöne beibringen können, aber mehr auch nicht. Das eine wird sich als Leseratte entpuppen, das andere wird von Buch zu Buch ermutigt werden müssen. Warum können Eltern ihre Kinder nicht je eigen wahrnehmen, als Geschenk

Gottes, mit Stärken, aber auch mit Schwächen, vor allem mit Unterschieden? Allzu oft scheint mir, es sind eher die Projektionen von Eltern, die die Wahrnehmung bestimmt.

Da gibt es eine Familie, in der zwei Kinder begnadete Musiker sind. Sie geben alles für Klavier und Trompete, gewinnen große Wettbewerbe. Das ist großartig! Der Jüngste scheint einen anderen Weg zu gehen, vielleicht wird er eher ein Fußballer. Das muss akzeptiert werden! Und es ist gar nicht so einfach, wenn es ein Weg ist, der ganz anders verläuft als die Erwartungen der Eltern. Kinder wahrnehmen heißt meines Erachtens zum einen, ihre Talente wahrnehmen und fördern bzw. ihnen Angebote machen, ihre Gaben zu entwickeln. Es bedeutet aber auch, die Perspektive der Kinder einzunehmen. Wie fühlt sich denn ein kleiner Junge, wenn er gnadenlos angebrüllt wird? Wer kann verantworten, ein kleines Mädchen im Keller einzusperren? Sich in das Kind hineinversetzen, spüren, wie es sich fühlt – nämlich kaum anders als wir Erwachsenen, wenn wir gemaßregelt werden …

Und wer verlangt die guten Schulnoten? Die Schule kann ungeheuren Druck erzeugen. Wenn dann noch Nachhilfeunterricht ab der Grundschule hinzukommt, kann ein Kind den Eindruck gewinnen: Anerkennung gibt es nur gegen schulischen Erfolg. Es wird aber immer Kinder geben, die schulisch mehr, und solche, die schulisch weniger leisten. Das hat doch nichts mit dem Urteil über ihre Person zu tun. Ein Schüler, der bis zur 7. Klasse ständig erfahren muss, dass er zu den „Schlechten" gehört, wie soll er denn ein gesundes Selbstwertgefühl erhalten? Wiederum: der christliche Gedanke vom *sola fide*, der Rechtfertigung allein aus Glauben, kann hier ungeheuer befreiend wirken. Was übrigens nicht heißt, dass Christinnen und Christen per se leistungsfeindlich sind. Wer einmal Max Weber gelesen hat, wird vom Gegenteil überzeugt sein. Und es geht auch nicht um die Rechtfertigung von Faulheit. Wer aus Faulheit schlechte Noten schreibt, muss auch die Verantwortung übernehmen.

Warum aber sollte es um Messen und Vergleichen gehen? Die Interessen und Begabungen sind sehr unterschiedlich verteilt, und als Gesellschaft sollten wir lernen, dass es nicht um Leistungsdruck geht, sondern um ein Offensein für die Gaben der Kinder. Bei einer Schulfeier habe ich erlebt, wie Kinder applaudierten bei mäßigem Klavierspiel wie perfekter Akrobatik. Sie wussten sehr wohl: Es hat Mut gekostet, öffentlich aufzutreten, und das verdient Anerkennung.

Geht es nicht oft auch um die Konkurrenz der Eltern? Das habe ich durchaus erlebt, wenn beispielsweise bei einem Abend mit mehreren Paaren plötzlich die schulischen Leistungen zur Sprache kommen. Und ein Paar wird ganz still. Ihr Sohn, ein netter, liebenswerter, attraktiver Junge, hatte Leukämie. Er hat es körperlich geschafft, die Krankheit überwunden. Aber eine Konsequenz: Er kann in der Schule nicht mithalten mit den Kindern der Erzählenden. Also haben die Eltern ihn auf die Hauptschule gegeben, damit er überhaupt Erfolgserlebnisse hat. Eine kluge und richtige Entscheidung. Aber er weiß, was es heißt, in einer Klasse mit Jugendlichen aus vierzehn Nationen zu sitzen, er kennt die Macht und Muskelkämpfe der Jungen, da geht es nicht um den Abi-Schnitt. Und die Eltern, sie sind still an diesem Abend ...

Wir müssen zu unseren Kindern stehen in guten und in schlechten Tagen, das ist meine Erfahrung. Warum soll ich es denn verheimlichen, wenn meine Tochter in Französisch eine Sechs schreibt? Weil ich mich meines Kindes schäme? Das kann doch nicht sein! Es sei denn, ich will mich über mein Kind definieren ... – Die Religionslehrerin meiner jüngsten Tochter ruft mich an: „Es ist mir peinlich, aber Esther wird in Religion eine Drei bekommen." – „Warum ist Ihnen das peinlich?", frage ich. „Na, Ihnen nicht? – Sie sind doch Bischöfin." Ich spreche also mit Esther: „Was ist los?" Sie erklärt mir, ihre Mappen wären zu unordentlich und außerdem könnte sie einfach nicht malen. Die Drei ist okay, denke ich, Esther findet sie jedenfalls gerechtfertigt, Bischöfin hin, Bischöfin her. Ein halbes Jahr später hat sie eine Eins in Religion. „Ist das jetzt der Bischöfinneneffekt?", frage ich. „Nein!", sagt Esther. „Ich liebe diese Geschichten, und ich kenne sie alle." Die Lehrerin frage ich dieses Mal gar nicht ...

Der Sohn meiner Cousine hat sich meine Gitarre geliehen, ein billiges Ding, dazu eine Anleitung. Ich habe damit nie etwas anfangen können. Er hat das Ganze angepackt, hat Gitarre spielen gelernt, eine eigene Konzertgitarre angeschafft – großartig! Ich selbst spiele Flöte, Geige, Klavier, alles äußerst mäßig. Mein Mann musste acht lange Jahre Klavierstunden über sich ergehen lassen, obwohl er eigentlich Fußball spielen wollte. Macht das Sinn? Zwar kann er heute noch leidlich auf dem Klavier klimpern, aber ob das all die Auseinandersetzungen wett-macht, bezweifle ich. Mir ging es immer um die Er-möglichung: Alle sollten zumindest die Chance haben, ein Instrument zu spielen. Und jede meiner Töchter hat auch tatsächlich redlich musiziert: Geige, Cello, Klarinette und Klavier waren vertreten. Über Blockaden haben wir hinweggeholfen, das Üben wurde ermutigt. Und wir haben ausgemacht: bis zur Konfirmation! Wenn ihr dann nicht mehr wollt, ist das eure Entscheidung. Keine hat sich für das Weiter-machen entschieden. Aber jede kann (leidlich!) ein Instrument spielen, und alle können hervorragend singen.

Meines Erachtens sollten Kindern die Möglichkei-ten geboten werden, ein Instrument zu spielen, eine Sportart zu erlernen, falls das für die Eltern finanziell zu leisten ist. Aber wenn sie diese nicht ergreifen, nützt kein Zwang der Welt. Eine Steffi Graf wird durch das Gewinnen von Tennisturnieren ganz offen-sichtlich nicht glücklicher im Leben als andere Men-schen, das ist nichts Neues. Und Vater oder Mutter können sich nicht über den Erfolg eines Kindes ver-wirklichen, auch wenn es oft der Elternehrgeiz ist, der Kinder zum Eiskunstlauf oder Balletttanzen treibt. Die Begabungen, aber auch die Grenzen von Kindern gilt es wahrzunehmen.

Es tut mir weh, wenn Erwachsene sich über ein Kind und seine Eigenarten lustig machen. Das Kind ist in einem solchen Fall zu Recht verletzt, denn es geht um seine Intimität, auf die es einen Anspruch hat. „Es ist unglaublich lustig, wenn X weint, weil sein Teddy vollgekotzt ist!" Ist das wirklich lustig? Wollen wir nicht auch diese Privatheit geschützt wissen? Vor kurzem habe ich ungewollt unsere Tochter Esther vorgeführt. Sie kam an die Kasse im Lebensmittelladen mit zwei Päckchen Kaugummi, und ich sagte spontan: „Ich glaub', es rappelt!" Ich hatte nämlich morgens noch die fünf Päckchen gesehen, die sie gehortet hatte. Die Frau hinter mir sagte: „Na, die wollte sie wohl reinschmuggeln in die Rechnung." Esther war – zu Recht – wütend: nicht weil ich die Kaugummis nicht kaufen wollte, sondern weil sie sich vor anderen blamiert fühlte.

Es kann auch Jugendliche zu Tränen bringen, wenn andere sich lustig machen! Das erlebe ich noch bei unserer ältesten Tochter heute. Wenn die drei jüngeren und mein Mann sich im Spott einig sind, kann ein Mittagessen in Tränen enden für sie. Das ist gemein und zeigt, wie verletzbar wir alle sind gerade durch die Menschen, die uns wirklich gut kennen.

Geduld aufbringen

Kinder können eine große Geduldsprobe sein. Da Ungeduld meine größte Schwäche ist, war das für mich oft ein Problem. In einer Frage allerdings nicht. Wenn unsere Kinder als Kleinkinder gejammert haben, haben wir sie ins „große Bett" geholt. Dabei war mir bewusst, dass viele Erziehungsratgeber dagegensprechen. Konsequenz sollen Eltern zeigen, die Kinder zurücktragen, damit sie lernen, durchzuschlafen. Das klingt richtig. Aber hat einer dieser Ratgeber je mehrfach in der Nacht ein Kind zurückgetragen, wenn er am nächsten Morgen früh aufstehen musste? Es ist unendlich viel bequemer, das Kind einfach im Bett zu behalten, dort zu stillen, liegen zu lassen. Für mich jedenfalls gilt: es hat unseren Kindern nicht geschadet, ins „große Bett" zu dürfen.

Zum Trost sagte mir die Frau eines älteren Kollegen: Spätestens, wenn sie einen Freund haben, schlafen sie im eigenen Bett. Das fand ich damals komisch, doch es ist völlig richtig: Ziemlich bald kommt die Zeit, in der es peinlich ist, bei Mama und Papa ins Bett zu kriechen. Äußerst selten erlebe ich heute noch, dass eine meiner Töchter kommt und ein paar Minuten Kuscheln angesagt ist, bevor es wieder hinausgeht ins feindliche Leben. Und ehrlich gesagt, finde ich das schön, eine Form von Nähe und Intimität, die ich genieße. Mein Mann und ich haben für unsere Zwillinge schon große Betten angeschafft, als sie noch sehr klein waren. Der allnächtliche Ringtausch wurde so nicht zur Rückenstrapaze. Und manches Mal habe ich gelacht, wenn ich morgens nachgesehen habe, wer eigentlich wo liegt. Eine Erziehungskatastrophe? Vielleicht für manche – bei uns hat es sich als richtig erwiesen, einfach der Intuition zu folgen und die Nähe zuzulassen. Ohne eine gute Portion Humor gelingt keine Erziehung, denke ich.

Das gilt insbesondere für das Erziehen von Zwillingen. Es ist erstaunlich, wie viele Menschen Spaß daran haben, zwei gleiche rosa Strampelanzüge, zwei gleiche Shorts zu schenken! Dabei verkündet jeder Ratgeber: Trennen! Unterscheiden! Eigenständigkeit und Individualität fördern!!! Was also tun? Wir haben die Sachen abwechselnd angezogen, so dass beide nie völlig gleich aussahen. Früh haben wir beide in unterschiedlichen Zimmern untergebracht – dem großen Pfarrhaus sei Dank. Was ist passiert? Morgens fand ich beide oft im gleichen Bett wieder. Die eine ist zur anderen gekrochen. Hanna und Lea hatten gleichzeitig die Windpocken, die erste Zahnspange. Und: bis heute tauschen beide ihre Kleidung liebend gern aus. Da ist offensichtlich in der Natur ein so starker Drang zueinander, den gezielte Abgrenzung nicht durchbrechen kann.

Eineiige Zwillinge. Da passiert es selbst mir: Ich drehe mich um und sage in der Schnelle – zu ihrem großen Zorn! – den falschen Namen, weil Hanna die geliebte Miss-Sixty-Hose von Lea anhat. Sie sagen: das ist doch furchtbar, wenn du uns verwechselst, du bist doch schließlich unsere Mutter! – Und ich fühle mich scheußlich. Aber ich liebe sie je einzeln und kann sie sehr wohl unterscheiden, wenn das Leben nicht so hektisch ist. Als Kind habe ich es selbst gehasst, wenn meine Mutter mich ansprach: „Ursula, Gisela, äh, Margot." Und heute geht es mir oft genauso …

Intuition ist wichtig und Liebe, der Versuch, jedes Kind einzeln zu nehmen, wie es ist. Angst bekomme ich, wenn die beiden nichts erzählen, stumm dasitzen, mürrisch, nicht bereit, sich mitzuteilen. Mein Vertrauen ist groß, aber ich weiß, dass der Gesprächsfaden nicht abreißen darf.

Unsere Zwillinge waren immer schlechte Schläferinnen. Sie waren klein, zart, empfindsam. Heute sind sie kaum aus dem Bett zu holen, in den Ferien muss ich sie mittags wecken. Unsere jüngste Tochter hat immer und überall geschlafen. Sie war das einzige Kind, das ich hatte, das sagte: „Ich bin jetzt müde, ich will schlafen!" In einem Kind steckt viel Individualität. Ich will das respektieren als die Eigenart, die Gott ihm mitgegeben hat. Und dann werden wir unsere Werte aufzeigen und darauf vertrauen, dass das, was Gott begonnen hat, zu einem guten Gelingen führt.

Geduld mit Kindern haben heißt Geduld haben mit der Angst: vor Dunkelheit, vor Gewitter. Manchmal ist die Ursache solcher Angst kaum zu finden. Warum plötzlich Angst vor der Schule? Es braucht Geduld, herauszufinden, was passiert ist. Und es braucht die Gelassenheit, dass wir es nicht herausfinden, sondern einfach annehmen müssen. Das kennen doch auch Erwachsene sehr wohl, dass Ängste sich nicht definieren und per Knopfdruck beseitigen lassen ...

Kinder haben vielfältige Ängste. Es muss unterschieden werden: Sind das die Ängste der Kinder oder die Ängste der Eltern? Eltern müssen sehr gut überlegen, wie viel Realität sie ihren Kindern zumuten wollen, wie viele ihrer eigenen Ängste sie vor ihren Kindern offenbaren können. Da kommt auf einmal diese Angst: meine Eltern könnten sich scheiden lassen! Hat sie das gehört, gelesen, im Fernsehen gesehen? Die Angst: was, wenn ihr sterbt? Gab es einen Anlaß, oder ist es die Frage nach dem Tod? Eine Freundin von Esther hat immer wieder von „Kinderschändern" und „dieser Ulrike" erzählt. Ich habe erst gar nicht verstanden, worum es ging, aber hier waren es offensichtlich die tiefen Ängste der Mutter nach dem Mord an einem Mädchen, die das Kind so heftig bewegten. Überall hat sie Kinderschänder vermutet. Eine rationale Erklärung, dass es wesentlich unwahrscheinlicher ist, einem Kinderschänder in die Hände zu fallen, als bei einem Autounfall zu sterben, nutzt da wenig.

Das in der Presse im Sommer 2001 so breit diskutierte Verschwinden von drei kleinen Mädchen ist furchtbar. Kinder jetzt aber mit der Dauersorge vor einem „Kinderschänder" zu belasten, ist einerseits für sie eine Überforderung und ignoriert andererseits, dass Täter von Missbrauch und Vergewaltigung in 90 Prozent der Fälle im nächsten Umkreis von Verwandten und Freunden zu finden sind. Die Ängste und Vorsichtsmaßnahmen werden also in eine falsche Richtung gelenkt. Immer wieder wird betont, dass Selbstbewusstsein für Kinder das beste Mittel gegen Missbrauch ist. Es geht deshalb darum, dies zu stärken, anstatt Furcht zu verbreiten, die klein macht.

Die Ängste der Eltern übertragen sich sehr leicht auf die Kinder. Und Kinder spüren sehr wohl, was los ist. Wenn ein Unglück passiert und die Erwachsenenwelt umtreibt, spüren die Kinder das und finden auch heraus, was los ist. Kinder werden allzu oft unterschätzt. Für Eltern gilt es meines Erachtens, einen Balanceakt zu vollziehen zwischen Beschützen und Aussetzen. Offenheit und Schweigen-Können. Wir können Kindern nicht alles erzählen. Eltern müssen sehr genau überlegen, was sie ihren Kindern zumuten können und wo sie sie schützen müssen. Das ist eindeutig altersabhängig. Ein Fünfjähriger, der immer wieder das Attentat auf das World Trade Centre sieht, kann damit kaum fertig werden. Die Eltern werden ihm erzählen müssen, dass da ein schreckliches Unglück war, denn das bekommt er ja mit. Ständige Bilder von Menschen, die verzweifelt aus einem brennenden Hochhaus springen, sind schon für Erwachsene schwer zu verkraften; wie soll da ein Kind sie verarbeiten? Anders sieht es aus mit Jugendlichen. Mit ihnen ist ein offenes Gespräch über Terrorismus auf der Tagesordnung, über die eigene Fassungslosigkeit, die Angst vor Krieg.

Es erscheint mir hochproblematisch, wenn Eltern ihre Kinder zu Vertrauten in der Ehekrise machen oder mit beruflichen Problemen überhäufen. Aber es ist ebenso falsch, sie zu beschwichtigen, ihnen Erklärungen zu verweigern. Was ist eine Vergewaltigung, was ist ein Kinderschänder?, hat meine Tochter nach jenem Gespräch gefragt. Und ich habe versucht, das ganz offen zu erklären und deutlich zu sagen: Das ist ein Verbrechen. Und gleichzeitig erscheint es mir wichtig, dass Kinder hören, ja wahrnehmen: Es ist möglich, mit Verwundungen zu leben. Nicht jede Verletzung muss das Ende bedeuten, sondern sie kann auch zur Kraftquelle werden. Menschen können an Herausforderungen und bewältigten Verletzungen auch wachsen. Ein schlimmes Erlebnis, Krankheit, Tod können auch Erfahrungen sein, die wir bewältigen, sie sind Teil des Lebens. Es ist nicht möglich, Kinder von allen Gefahren und Problemen fernzuhalten, sie dürfen ihnen aber auch nicht grundlos aufgebürdet werden. Zu unterscheiden, wann die Kinder zu schützen sind und was zu wissen ihnen zugemutet werden kann, das ist ein Balanceakt.

Von Vergewaltigungen wusste ich beispielsweise als Kind durch die bereits genannten Erzählungen von Flucht und Vertreibung aus Hinterpommern. Mir hat das Kraft gegeben. Ich wusste von meiner Mutter, meinen Tanten: das kannst du überleben. Mir hat das Wissen um die Kraft, die einem Menschen in Krisen geschenkt werden kann, immer wieder geholfen!

Geduld ist notwendig mit Blick auf Spiele. Kinder wollen gewinnen, können schwer verlieren und haben zudem Angst davor, dass jemand sie lächerlich macht. Ist uns Erwachsenen das so fremd? Wie leicht ist es, einem Kind „Verlieren beizubringen", indem die Erwachsenen ihre Überlegenheit ausspielen nach dem Motto: „Das muss er eben lernen!" Das empfinde ich als arrogant. Kann es nicht auch mal gewinnen, bis der Zeitpunkt kommt, an dem es selbst sagt: „Jetzt aber in echt!" Sie wissen nämlich ganz genau, dass man sie gewinnen lässt. Aber die Freude am Spiel steigert sich dadurch.

Können denn Erwachsene wirklich gut verlieren? Bei mancher Doppelkopfrunde habe ich erlebt, wie erwachsene Männer zu Kindsköpfen werden, wenn es um das Zählen der Punkte geht ... Geduld ist angesagt. Und vielleicht kann dem Kind doch irgendwo der Gedanke eingepflanzt werden, dass ein guter Verlierer und eine gute Verliererin mehr Respekt genießen als schnöde Gewinner.

Ein letztes Beispiel zum Thema Geduld: Es hat mir oft Spaß gemacht, diese „Ich wäre jetzt der Vater und Hanna wäre jetzt ..."-Spiele zu sehen. Aber manches Mal war ich auch ungeduldig, vor allem weil wir uns oft so genannte „Tanzaufführungen" unserer Töchter ansehen mussten. Manchmal dachte ich: Das kommt nie zu einem Ende, obwohl da gar nichts „Eingeübtes" zu sein schien, wie sie immer behaupteten. Dennoch waren Tanzaufführungen häufig. Vor allem die Musicals von Andrew Lloyd Webber waren Hanna und Lea wichtig. Zu unserem zehnten Hochzeitstag fuhren mein Mann und ich nach Bochum zur Aufführung von „Starlight Express". Als Mitbringsel diente die entsprechende CD. Darauf sind unsere Zwillinge sofort angesprungen. Wir mußten die Handlung in allen Details erzählen, und dann wurde der Wendekreis vor dem Haus eine Eisenbahnstrecke. Es wurde getanzt und gefahren und gesungen. Manches Musical haben wir seitdem gemeinsam besucht.

Mir ist dabei klar geworden: Diese Form der Populärkultur ist durchaus auch die Vermittlung einer Botschaft, sie enthält viele religiöse Elemente. Spannend sind auch die biblischen Bezüge wie in den Musicals „Jesus Christ", das auf sehr eigenwillige Art das Leben Jesu oder „Josef", das mit peppiger Musik die Geschichte von Joseph und seinen Brüdern sehr nah am biblischen Text nacherzählt. Und: es ist schlicht ein gemeinsames Erlebnis, das Spaß macht. In unseren Gemeinden wird derzeit „Godspell", eine 70er-Jahre-Version aller Erzählungen des Lebens Jesu, angeboten. Trotz einiger theologischer Bedenken erweist es sich, dass hier gerade die jüngere Generation einen Zugang zum christlichen Glauben findet. Warum sollte das nicht genutzt werden?

Und ich selbst habe meine Ungeduld schließlich bereut, als eines Tages in einer „Cats"-Aufführung in Fulda dann Hanna und Lea die Rollen von Bombalurina und Demeter spielten. Ich war sprachlos – weil das wirklich großartig war! Selbstbewusst und klar haben sie ihre Rollen gespielt, ich hatte ihnen das nicht zugetraut. Respekt, habe ich gedacht, das war nun wirklich (in der Tanzschule) eingeübt und hat den Dreizehnjährigen einiges an Einfühlungsvermögen abverlangt.

Vorbild sein

„Das sind alles blöde Penner", sagt mir der kleine Junge, der bei uns zu Besuch ist, als ich einem Obdachlosen eine Zeitung abkaufe. „Das geht doch nicht, dass da Leute herkommen und sich von unserem Geld ein Luxusleben machen", erklärt mir eine 12-Jährige ganz überzeugt, als ich in einer Schule einen Vortrag über Asylsuchende halte. „Die Leute im Osten sind ungebildet und einfach doof", schreibt eine Schülerin nach der Klassenfahrt nach Magdeburg. Was für scharfe Urteile und wie wenig Erfahrung! Ich bin immer wieder erschrocken, wie fest Einschätzungen Erwachsener übernommen werden ohne eigenen Erfahrungshintergrund.

Kinder und Jugendliche nehmen Urteile sehr genau wahr. Es ist wichtig, dass Eltern sich das bewusst machen. Sehe ich die Not der anderen, die so viel schlechtere Situation? Nein, ich meine nicht ein inhaltsleeres Lamento: „Die armen Hungernden der Welt!", sondern das Bewusstsein vom Gemeinwohl, der Sozialpflichtigkeit des Eigentums, der Verbindung mit anderen über Grenzen hinweg. Mir ist wichtig, dass meine Kinder anderen nicht herablassend begegnen. Sie sollen wissen, dass es toll ist, wenn Obdachlose in Hannover die Zeitschrift *Asphalt* verkaufen, weil das eine Begegnung auf Augenhöhe ermöglicht, anders als bei denen, die mit einem Hut am Boden sitzen. Sie sollen nicht lachen über „die Dicke in unserer Klasse", denn die hat es bestimmt schwer genug und wäre sicher gern dünner. Es gibt Tabus, und auch wenn es anscheinend so lustig ist, dass im Urlaub die „süßen" Holländer mei-

nen Töchtern „Gottverdammt" auf Holländisch beibringen –, will ich das nicht hören in meinem Haus,
weil ich es für Gotteslästerung halte, ebenso wie ich
mich bis heute nicht damit abgefunden habe, den
Ausdruck „geil" als normal zu akzeptieren. Auch angesichts solcher Erfahrungen stellt sich die Frage:
Wie sieht es aus mit den Werten der Eltern?

Mir ist – ausgehend vom genannten christlichen
Menschenbild – in der Erziehung fundamental wichtig der Umgang mit Alten, Schwächeren, Untergebe-
nen. Der Russlanddeutsche ist vor Gott eben nicht
per se weniger wert. Der schwer behinderte, sab-
bernde Junge am Strand – toll, dass seine Eltern ihm
ermöglichen, überhaupt hinzugehen! Nein, er ist
nicht doof, nur weil er dick ist! Das christliche Menschenbild ist eine enorme Herausforderung auch und
gerade für Kinder. Ihnen liegt an der Abgrenzung: Er
ist gut, sie ist schlecht, ich gewinne, du verlierst.
Aber Toleranz, Rücksicht, Respekt vor dem anderen,
das lernen sie über Vorbilder. Es sind nicht die bösen
Jugendlichen in Ostdeutschland, die sich von irgend-
woher mit Fremdenfeindlichkeit infiziert haben.
Nein, da muss es latente Fremdenfeindlichkeit in der
Erziehung gegeben haben. Wie kommt ein Jugendli-
cher dazu, einen Rollstuhlfahrer mit Feuerwerkskör-
pern zu beschießen – hat er die Verachtung gelernt?
Die Frage nach dem Vorbild ist von entscheidender
Bedeutung.

Entscheidend ist oft schon die Frage nach der Rede
über andere zu Hause. Ist der Chef „ein Idiot", die
Kollegin „eine blöde Kuh", der Nachbar ein „Arsch-
loch" und die Lehrerin „eine faule Tussi", wie will
denn da Respekt vor anderen gelernt werden? In dem,

was Kinder reden, ist oft herauszuhören, was die Eltern sagen.

Gleiches gilt mit Blick auf die Schule. Wenn der Vater mal einen Tag blaumacht, warum nicht der Sohn? Wenn die Mutter Kopfschmerzen hat und der Arbeit fernbleibt, warum sollte die Tochter zum Sportunterricht gehen, wenn sie ihre Periode hat? Wie sollen Kinder lernen, in Krisen zu bestehen, wenn die Eltern jeder Krise ausweichen? Kinder brauchen Vorbilder. Da geht es beispielsweise auch um Geheimnisse: Können die Eltern für sich behalten, was ihnen anvertraut worden ist?

Einfluss und Vorbildcharakter hat auch das Selbstwertgefühl von Eltern. Wenn sie sich durch Arbeitslosigkeit gedemütigt fühlen, kann das Auslöser für Depressionen bei Kindern sein. Gleiches gilt für Arroganz nach dem Motto: Ich hab's geschafft, sollen die anderen sehen, wo sie bleiben. Wenn die Kinder dann auf andere herabschauen, wundert mich das nicht. Aber natürlich überträgt sich auch der Humor der Eltern oder die soziale Grundhaltung. Das ist gewiss kein Automatismus, aber, so denke ich, doch ein Grundmuster.

Bildung hat etwas mit Bildern und dem Menschenbild zu tun. Wie jeder Bildung liegt auch jeder Erziehung ein bestimmtes Menschenbild zugrunde. Deshalb sollten Erziehende ihr eigenes Menschenbild klären und konsequent im Urteil und der Grundhaltung gegenüber anderen anwenden. So finden Kinder doch eine klare Grundhaltung vor zur Identifikation oder auch zur Abgrenzung. Und Eltern, ja Erwachsenen muss bewusst sein, dass sie Vorbild sind im Guten wie im Schlechten. Es geht im eigenen

Handeln, in der eigenen Haltung gegenüber anderen immer auch um die Frage, welchen Einfluss hat das auf die nächste Generation.

Verantwortung zutrauen

Seit unsere Zwillinge drei Jahre alt wurden, haben wir einen Hund, einen nun gealterten fröhlichen Golden Retriever. Als ein älteres Ehepaar ins Altenheim musste, sind uns seine zwei Meerschweinchen zugewachsen: John und Paul wurden sie genannt wegen ihrer langen Haare. (Ich hätte nie gedacht, dass ich zwei Meerschweinchen so lieb gewinnen könnte!) Aber zwei Meerschweinchen für vier Töchter reichen eben nicht, so haben wir gesagt: Die Beatles waren auch vier, also zwei könnten noch kommen. So kamen wir zu George, einem Albinohäschen aus dem Tierheim, um die Beatles vollständig zu machen. Der Hinweis, George könnte auch die Abkürzung von Georgina sein, wurde nach einem Jahr ignoriert, sie wurde zu Mona.

Als Bekannte von Bekannten zehn Kaninchen (die sich später als ausgewachsene Hasen erweisen sollten!) bekamen, wollten wir eines nehmen, um die vier voll zu machen. Unsere Kinder waren aber überzeugt, das arme kleine Häslein könne nicht ohne Schwester bleiben. So hatten wir Ringo – aber woher einen fünften Beatle holen? Da unsere Älteste gerade für die „Toten Hosen" schwärmte, wurde Nummer fünf schließlich Campino getauft. Ob sie zusammen Musik gemacht hätten? – Meine Erfahrung ist, dass Tiere Kindern gut tun. Für sie muss gesorgt werden, und zwar regelmäßig. Sie brauchen Futter, Pflege, Zuwendung, müssen ausgemistet werden. Unsere Kinder haben nach meiner Beobachtung durch das Bewusstsein: „Sie sind von uns abhängig", mehr in Sachen Zuverlässigkeit gelernt als durch manche elterliche Ermahnung. Allein die vielen Futter- und Ausmistpläne, die erstellt wurden ...

Kurzum, schließlich starb jene Mona an Würmern, während ich in Hannover war zur Bischofswahlsynode. Es war für mich schlimm, die schluchzenden Kinder am Telefon zu haben und über Sterben und Tod via Handy zu konferieren. (Ein Glück allerdings, dass es das Handy gibt!) Mein Mann war mit dem todkranken Tier zu einer befreundeten Tierärztin gefahren, sie hat das Tier einschläfern müssen in Anwesenheit von Hanna, Lea und Esther. Mona bekam ein erstklassiges Begräbnis im Fuldaer Garten mit Gebet, Segen, Blumen und Kreuz auf dem Grab. Mir wurde deutlich: Die Kinder wollen ganz konkrete Antworten, nicht diffuse Religiosität. Um konkrete christliche Antworten geht es. Ja, Gott kennt uns, auch über den Tod hinaus. Ja, Gott nimmt auch Tiere wahr, weil sie ja Gottes Geschöpfe sind. Was nach dem Tod kommt, wissen wir nicht, aber wir wissen: Gottes Liebe geht über den Tod hinaus.

Tiere können Kindern ermöglichen, Verantwortung für ein anderes Lebewesen zu lernen. Ihnen muss diese Verantwortung dann aber auch zugetraut werden. Natürlich haben Kinder erst ab einem gewissen Alter, etwa ab acht Jahren, die nötige Umsicht. Wichtig ist aber auch das Zutrauen und Nichteinmischen der Eltern. Ein Tier ist abhängig, das kann gelernt werden.

Allzu oft wird Verantwortung den Kindern heute

von vornherein abgenommen. Da kann es dann auch Formen von Überbehütung geben. So finde ich es lächerlich, wenn eine Mutter noch den Ranzen eines Zehnjährigen packt. Wenn er etwas vergisst, wird er in diesem Alter selbst dafür geradestehen müssen. Spätestens beim dritten Mal lernt er, selbst zu schauen, ob der Inhalt mit dem Stundenplan übereinstimmt.

Verantwortung zutrauen heißt aber nicht nur, für einen anderen zu sorgen, die eigenen Pflichten zu erfüllen, sondern sachte an ungeschützte Räume und größere Selbstständigkeit herangeführt zu werden. Nach dem Fahrradführerschein sollte ein Kind auch allein fahren dürfen. Das macht doch stolz und gibt Sicherheit. Ein Kind, das selbst eingekauft und bei den Eltern mit Kassenzettel abgerechnet hat, das hat etwas geleistet, bekommt Mut zu mehr Verantwortung. Kindern etwas zutrauen, Verantwortung an sie übergeben, lässt sie reifen, wachsen, mündig werden. Und solche Mündigkeit brauchen sie in einer Welt, die von ihnen Entscheidungen und Verantwortung fordern wird.

Gleichzeitig ist wichtig, nicht alles gleich gültig erscheinen zu lassen, sonst wird alles gleichgültig. Meine Kinder wissen sehr wohl, was mir wichtig ist, welche Werte ich habe. Drogen und Zigaretten sind mir ein Gräuel. Aber ich habe auch Schwächen: Ich trinke sehr gerne ein Glas Wein. Als ich das erste Mal gemerkt habe, dass eine meiner Töchter geraucht hat, habe ich klar die Grenzen gesetzt: Ich missbillige das eindeutig. Ich werde dich nicht abhalten können, das weiß ich. Aber es schadet dir, deinem Körper. Und: in diesem Haus dulden wir es nicht. – Das hört sich in der Aufzählung hilflos und autoritär zugleich an und ist es wohl auch. Mir war wichtig, klar zu sagen: Ich will das nicht! Gleichzeitig weiß ich, ich werde es nicht völlig unterbinden können. Und mir scheint es falsch, Jugendlichen Schwüre abzuringen, die sie dann in der Clique vielleicht doch brechen. Dann werden sie lügen, es entstehen Heimlichkeiten, Vertrauen wird zerstört. Die Verantwortung für ihren Körper muss sie jetzt tragen!

Ab und zu kann ich es nicht lassen zu sticheln: Ist das dein Feuerzeug? Oder, wenn sie nur mal etwas holen gehen will: Willst du eine rauchen? Das ist natürlich eng und nervt sie, aber an manchen Tagen kann ich es nicht lassen. Es ärgert mich, dieser auf Jugendliche abzielenden Zigarettenreklame mit dem Motto „Es ist cool zu rauchen" anscheinend nicht bei allen meinen Kindern genügend Überzeugungskraft entgegengesetzt zu haben. Andererseits frage ich mich: Kommt da nicht auch bei mir schon wieder die Leistungsschau in Sicht, die Erziehungserfolg beweisen will über die eigenen Kinder und ihr Verhalten?

Ich selbst habe mit vierzehn angefangen zu rauchen. Das war cool, vor allem weil meine Mutter es abscheulich fand. In den USA kam ich mit Marihuana in Berührung. *Alle* schienen das zu nehmen. Ich habe einmal probiert und fand es scheußlich – eine Grundresistenz gegen Drogen scheint mir meine Mutter mitgegeben zu haben. Das Rauchen habe ich mit der ersten Schwangerschaft aufgegeben. Von daher nehme ich die Gelassenheit zu sagen: „Ihr wisst, ich halte es für falsch, aber ihr müsst euren Weg finden." Ich setze darauf, dass das gelingt. Es muss auch Eigenverantwortung geben.

Auch warne ich meine Kinder etwa vor der Konsum- und Schuldenfalle. In unseren kirchlichen Einrichtungen, die Jugendlichen eine Ausbildung ermöglichen, erlebe ich immer wieder junge Frauen und Männer, die noch keinen Pfennig Geld verdient haben, aber schon hoch verschuldet sind, weil Handyverträge sie einschnüren. Jugendliche haben enorme Wünsche, und die Reklamewelt zeigt ihnen, dass diese Wünsche befriedigt werden können, ja müssen, um mitzuhalten. Das Lästern von Erwachsenen über Markenklamotten ist einfach. Das Leiden unter Ausgrenzung, nicht dazuzugehören, das ist schwer.

Deshalb habe ich meinen Kindern auch immer wieder einmal aus der Patsche geholfen. Bei einer Freundin löste das neulich die Reaktion aus: „Die nutzen dich aus!" Ich würde mich schon zur Wehr setzen, die Grenze erkennen, denke ich. Wer seine Kinder permanent vor der Verantwortung für die Folgen des eigenen Tuns in Schutz nimmt, entmündigt sie. Das läge mir fern. Wenn aber jemand kommt und sagt: Ich habe einen Fehler gemacht, dem werde ich mich nicht entziehen. Ein Beispiel: Meine älteste Tochter hat ihr Handy auf Auslandsempfang umgestellt, weil sie für drei Wochen in Frankreich war. Ich hatte das befürwortet, weil ich froh und dankbar war, meine Tochter zu erreichen. Dann kam der Schock: 560,– DM Telefonrechnung. Für eine 19-Jährige Abiturientin ist das ein Vermögen! Und zudem hat sie es nicht selbst verschuldet, sondern die Anrufe von mir, der Großmutter, verschiedenen Freunden – bei ihr haben sie jeweils die Hälfte der Gebühren gekostet. Ist es da nicht in Ordnung einzuspringen?

Wenn allerdings der Konsumrausch überhand genommen hat und das Taschengeld für den Monat dahin ist, dann gibt es allerhöchstens zehn Prozent des kommenden Monats als Vorschuss. Taschengeld gibt es bei uns eigentlich erst mit der Konfirmation. Vorher war es jeweils unproblematisch, da wurde zu Wünschen Ja oder Nein gesagt. Vierzehn Jahre ist ein Alter, in dem eigene Entscheidungen, eigene Verantwortung an der Tagesordnung sind, und die Zuteilung eines bestimmten Geldbetrages für bestimmte Bedürfnisse erschien uns eine Erleichterung im Verhältnis zum täglichen Kampf: Was zahlt ihr? Allerdings muss klar sein, wofür das Taschengeld da ist, sonst gibt es Konflikte: Der Bus, die Schulsachen, die Anziehsachen, die Ausgehkosten – wer ist wofür verantwortlich?

Ich sehe, wie die Konsumwelt, das Ausgehen verlocken, Lust auf Beteiligung machen und zugleich in Versuchung führen. Wie schaffen das Eltern mit vier Kindern, die nicht gut verdienen, die etwa von Sozialhilfe abhängig sind? Ich bewundere sie.

Kinder müssen das Prinzip Verantwortung lernen und den aufrechten Gang. Dazu benötigen sie immer wieder die Ermutigung von Erwachsenen. Sie haben es nicht leicht, und sie machen es den Erziehenden manchmal schwer. Aber immer überwiegt doch ihre Suche nach Orientierung, auch in der Abgrenzung.

4. Jugendliche begleiten

Freiräume respektieren

Wer mit Jugendlichen zusammenlebt, muss sich der Frage nach der Sexualität stellen. Mir ist sehr wohl bewusst, dass konservative christliche Kreise diese Frage gern ausgeklammert wissen. Aber wir leben in einer geradezu sexualisierten Gesellschaft. Fernsehen, Kino, Musik, Zeitschriften strotzen nur so von Sexualität. Wer das ignorieren will und wer leugnen will, dass Jugendliche Sexualität beunruhigt und sie die Frage nach dem eigenen Körper wie dem anderen Geschlecht schlicht altersgemäß spannend finden, wer versucht, die Sexualität der Erwachsenen zu verbergen, versucht meines Erachtens, einen Teil der Realität zu verdrängen. Das rächt sich immer, weil niemand es schneller merkt als Jugendliche, wenn Erwachsene ausweichen.

Den eigenen Körper zu kennen ist wichtig gerade auch mit Blick auf sexuellen Missbrauch. Wer Sexualität nur mit Scham und Angst behaftet sieht, läuft viel schneller in die mögliche Falle von Unterdrückung, Geheimnissen, Verdächtigungen und Angst. Selbstbewusst sagen können: „Ja" und „Nein" – „Das will ich und das nicht", das ist, so erklären alle Beratungsstellen einhellig, die beste Abwehr gegen sexuelle Gewalt.

Meines Erachtens widerspricht der christliche Glaube einer klaren sexuellen Aufklärung nicht – es geht ihm nämlich um Verantwortung. Ich muss wissen, was ich tue, entscheiden, was ich will, und die Konsequenzen auch akzeptieren oder tragen. Das Problem unserer Gesellschaft scheint mir nicht die Sexualität an sich zu sein, sondern verantwortungslose Sexualität. Darauf gilt es im Gespräch mit Jugendlichen hinzuweisen. Wenn ich meinen Körper einem anderen hingebe, dann ist das nicht ein schneller äußerer Akt, sondern Ausdruck einer tiefen, intimen Beziehung. Will ich das mit diesem Menschen? Fühle ich mich frei, hingezogen? Oder folge ich Druck, Zwang, Konformität? Kann ich mich selbst ansehen und schön finden, oder stoße ich mich ab und will deshalb Bestätigung durch einen anderen? Jugendliche können lernen, sich diesen Fragen zu stellen. Es tut ihnen gut zu wissen: Das sind nicht nur meine individuellen Fragen, es sind Fragen, die sich immer und immer wieder stellen.

Ich denke, viele Erwachsenen können sich kaum noch erinnern und vorstellen, wie schwer es ist, den eigenen Körper in der Pubertät, beim Erwachsenwerden anzunehmen. Und die Kirche, der christliche Glaube sind auch oft benutzt worden, Körperfeindlichkeit zu demonstrieren. Wie viele alte Filme zeigen arme Kinder in christlichen Waisenhäusern, die fürs Onanieren bestraft werden. Die Geschichte von Onan, wie sie in der Bibel steht, ist ja nun wahrhaftig eine andere. Dort geht es darum, dass Onan seinen traditionellen Pflichten nicht nachkommt und beim Geschlechtsverkehr mit seiner Schwägerin Tamar, deren Mann gestorben ist, einen coitus interruptus vollzieht, weil die Kinder, die geboren würden, als die seines verstorbenen Bruders Er gelten würden (1. Mose 38, 1-10) – das sind völlig andere Zusammenhänge. Den eigenen Körper kennen zu lernen, dafür sehe ich in der Bibel kein Verbot. Wenn Kinder oder Jugendliche das tun, ist es meines Erachtens normal, solange es keine besonders auffälligen Züge annimmt. Sie lernen so etwas über sich und ihre Wünsche, und Eltern sollten das gar nicht groß thematisieren.

Pervertiert wird das Ganze erst, wenn Erwachsene dazu anregen und anleiten, sich selbst daran beteiligen und so die nächste Generation zum Objekt machen. Wenn Kinder sich übertrieben sexualisiert zeigen, lässt das eher Rückschlüsse auf die Eltern zu. Ich denke an den kleinen Jungen, der mit sieben Jahren meiner Tochter erklärte, er wolle seinen Penis in ihre Scheide stecken, und sich ständig entblößte. Als ich seine Mutter darauf ansprach, lachte sie und sagte: „Ja, er ist niedlich, nicht? Ein richtiger kleiner Casanova!" Ganz offensichtlich hatte sie ein Problem, das sich über den Jungen äußerte.

Ich habe meine Kinder immer ganz klar ermutigt, solche sexuelle Belästigung energisch zurückzuweisen und sich dazu zur Not Hilfe zu holen. Besonders schwierig wird es, wenn Vertrauenspersonen in solchen Situationen nicht klar einschreiten. Hier ist klare Grenzziehung um des Schutzes der Kinder willen notwendig.

Christentum und Körperlichkeit, ja Christentum und Lust sind keine Widersprüche, jedenfalls wenn die Bibel als Maßstab gilt. Denken wir an das Hohelied Salomos, das im Alten Testament steht. Sobald

Konfirmanden und Konfirmandinnen das entdeckt haben, beginnen sie oft ganz genau zu lesen: „Sein Mund ist süß, und alles an ihm ist lieblich", (5,16)! Beim letzten Kirchentag in Frankfurt hat das „Forum Tanz" diese Texte aufgegriffen. Die schon im Zusammenhang mit Weihnachten erwähnte Sehnsucht nach Sinnlichkeit im Glauben und in der Liturgie wurde für mich da ganz greifbar. Der hebräische Teil der Bibel, er ist ja nicht nur angefüllt mit Gesetzen, sondern voll von großen Liebesgeschichten: Isaak und Rebekka, Jakob und Rahel und die arme verschmähte Lea und all die anderen Verliebten ... Und auch der griechische Teil ist nicht sinnenfeindlich. Jesus kannte und genoss Sinnlichkeit, etwa wenn er sich die Füße salben ließ. Er ging gern zu Festen. Mich hat das nie gestört. Jesus war „wahrer Mensch und wahrer Gott", so hat es das Konzil von Chalcedon im Jahr 451 befunden. Sollte denn Jesus ein sinnen-loses Geschöpf gewesen sein? Gerade der Sohn Gottes, der die Welt aus Liebe geschaffen hat, kann doch diese Welt nicht ignorieren.

Lust und Liebe aber können gefährlich werden, wenn sie zwanghafte Züge annehmen, wenn sie zum Götzen werden. Sie können Menschen, ja ganze Familien zerstören. Deshalb ist beispielsweise das Gebot: „Du sollst nicht ehebrechen" ein gutes, ein lebensdienliches Gebot. Wer erlebt, wie eine Ehe, eine langjährige Beziehung zerbricht, kann ermessen, was das bedeutet. Wie viel Leid habe ich gesehen durch Ehebruch. Menschen, die so tief verletzt werden, dass die Wunden ein Leben lang nicht heilen. Kinder, die völlig verstört sind, die sich wünschen, dass Mama und Papa zusammen sind und bleiben. Es gibt einige, von denen ich gehört habe: „Bei uns geht das locker", oder: „Wir trennen uns ganz friedlich" – und denen ist das dann eben doch nicht gelungen. Da entstehen Verletzungen und Narben, die Lebenskraft verzehren. Deshalb ist das sechste Gebot ein gutes Gebot und kein lustfeindliches.

Auch hier gilt: Offenheit ist wichtig. Wenn ich höre: „Unsere Kinder merken von allen Auseinandersetzungen nichts, wir streiten uns nur, wenn sie im Bett sind", dann denke ich: Was für eine Illusion! Kinder spüren ganz schnell, dass da was schief läuft. Und sie haben Angst vor der Trennung der Eltern, denn das Thema Scheidung begegnet ihnen im Kindergarten, in der Schule, im Fernsehen. Offenheit bedeutet aber nicht, die Kinder zur Partei zu machen. Viel zu oft versucht die Mutter, die Kinder auf ihre Seite zu ziehen, indem sie erklärt, was für ein schlechter, gemeiner Mensch der Vater ist. Aber Vater bleibt Vater, Mutter bleibt Mutter. Die Auseinandersetzungen des Paares muss das Paar führen und darf dazu die Kinder nicht missbrauchen.

Zusammenbleiben um jeden Preis oder „auf Teufel komm raus", wie mir ein Pastor sagte, ist allerdings auch nicht die einzige Lösung. Wenn ein Paar und auch die Kinder die Trennung als Befreiung und Neuanfang empfinden, wenn eine Art Beziehungskrieg Menschen zerstört, muss es auch die Möglichkeit der Scheidung geben. Allerdings sollte das nicht leichtfertig geschehen, denn Scheidung bedeutet immer auch ein gebrochenes Versprechen und damit Scheitern und Schuld.

Mit Jugendlichen über Sexualität zu sprechen, ist eine Gratwanderung zwischen Nähe und Abgrenzung. Da ist die Phase der Aufklärung. Ich habe mit unseren Kindern beispielweise das Bilderbuch „*Peter, Ida und Minimum*" (Grete Fagerström, Peter, Ida und Minimum. Familie Lindström bekommt ein Baby, 14. Auflage Ravensburg 2000) gelesen. Das ist eine realistische, aber behutsame Art der Aufklärung. Sie gibt Raum für Fragen und Antworten, belässt manches im Geheimnisvollen, bietet Gesprächsstoff. Die Grundlagen waren so gelegt.

Eines Tages in der dritten Klasse hat unsere Tochter Esther sich unendlich aufgeregt über den Liebesbrief eines Jungen. Meine Vernunftargumente: das hat doch mit Liebe nichts zu tun, ihr seid Kinder, der will sich nur aufspielen, du bist stark etc., haben kaum etwas gefruchtet. Da kamen tiefste Ängste hoch. Sie hatte offensichtlich ein Gefühl von aufgezwungener Nähe, fühlte sich bedrängt. Schließlich, nach mehreren langen Abenden und drohender Schulverweigerung, habe ich mit dem Klassenlehrer gesprochen. Ich rechne ihm hoch an, dass er das ernst genommen hat. Er hat die Sache im Stuhlkreis thematisiert, und die Klasse konnte darüber reden. Esther war von Stund an „geheilt", sie hatte das Gefühl, die Klasse, auch der betreffende Junge, hatten ihre Sorgen geteilt und – vor allen Dingen – verstanden.

Kinder haben ein sehr gutes Gespür für Nähe und Distanz, gewollte Zärtlichkeit und Aufdringlichkeit. Es ist wichtig, das ernst zu nehmen und zu respektieren! Wer diese Grenzen bricht oder bagatellisiert, zerstört Vertrauen.

Es gibt in diesem Zusammenhang aber immer auch Humorvolles: Ein Abend mit Esther und ihrer Freundin, als beide zehn Jahre sind. Sie können nicht schlafen, weil die Brustwarzen weh tun, und sie haben Angst, einen Busen zu kriegen. Annika: „Dann kann man nie mehr auf dem Bauch schlafen!" Wir sprechen also über Brust und Busen, anschließend kommen Fragen nach Tampons und Binden und warum Jungen immer so blöd sind. Soll ich das abwürgen? Oder ist das einer der großartigen Momente, in denen vieles gesagt werden kann, ohne gleich eine zwanghafte Aufklärungsstunde abzuhalten? Ich erkläre also, was 75B bedeutet, Brustumfang und Körbchengröße werden besprochen. Später in der Küche höre ich, wie beide darüber sprechen, was die Größe Z bedeuten mag. Wahrscheinlich habe ich das Ganze doch nicht ganz richtig erklärt ...

Nach meiner Erfahrung nützen Geheimniskrämerei und Verbote wenig. Aber ein offenes Gespräch mit Mädchen darüber, wie sie auf Jungen wirken, ist wichtig. Mädchen mit 13, 14, 15 Jahren probieren ihre Möglichkeiten und Reize aus. Und sie sind ja auch reizvoll, wer wollte das denn leugnen? Aber sie haben oft kaum eine Vorstellung, wie das auf Männer wirkt. Ebenso wichtig ist ein offenes Gespräch mit Jungen über ihre Kräfte. Sie können damit oft kaum umgehen, es überwältigt sie geradezu. Dass Sexualität ein Akt des sich Anvertrauens und Auslieferns ist, den niemand beliebig und mit jedem teilen möchte, das ist entscheidend für das Selbstverständnis und Selbstgefühl von Jugendlichen. Dass Sexualität nicht schuldbelastet ist, sondern Lebensfreude und Lust ausdrückt, das scheint mir wichtig für ein positives Erleben des eigenen Körpers.

Viel zu oft hat unterdrückte Sexualität grausame Folgen gehabt. Ich denke an das junge Mädchen, das von einem Mann geschwängert und dann allein gelassen wurde. Ich denke an das junge Mädchen, das ihr Kind heimlich zur Welt bringt. Als sie blutend in unser Friederikenstift eingeliefert wird, sagt ihr eine Schwester auf den Kopf zu: Du hast doch ein Kind entbunden. Sie gibt es zu, eine Kinderschwester fährt mit dem Notarzt zur Wohnung. Die Mutter des Mädchens schläft noch. Das Baby liegt tot im Schrank. Schuldgefühle, Angst, Verdrängen, das kann zu Katastrophen führen. Wichtig ist ein offenes Reden über Probleme und Fragen.

Die wichtigsten Gespräche mit Jugendlichen lassen sich nach meiner Erfahrung nicht „ansetzen" oder programmieren. Da muss die rechte Gelegenheit und Zeit vorhanden sein. Eltern sollten aufmerksam dafür sein. In solchen Gesprächen kann deutlich werden, dass Sexualität missbraucht wird, wenn einer sich auf Kosten des bzw. der anderen befriedigt. Dass es nur Freiwilligkeit geben kann und keine aufgezwungenen oder erpressten Praktiken. Erpressung und Druck können in den Beziehungen von Jugendlichen eine große Rolle spielen. So wird Missbrauch oft erst entdeckt, wenn ein Kind Mut fasst, sich öffnet.

Solche Not, solche Verzweiflung muss nicht entstehen, wenn Jugendliche sich anvertrauen können. Wenn sie wissen, ich werde angenommen, egal was passiert. Da haben mich beispielsweise Gespräche mit dem Bundesverband der Eltern, Freunde und Angehörigen von Homosexuellen e. V. *(befah)* beeindruckt. Eltern haben erzählt, was es bedeutet, von der Tatsache überrascht zu werden, dass der eigene Sohn, die eigene Tochter homosexuell sind. Ein Vater erzählte, dass er sich auf seinem Dorf immer noch dafür schämt. Eine Mutter schilderte, wie sie darunter leidet, dass sie nun nie Enkel haben wird. Aber sie stehen zu ihren Kindern und sagen: Wir lieben sie, sie sind unsere Kinder.

Meine Mutter stand Sexualität in keiner Weise offen gegenüber. Darüber wurde jedenfalls nicht gesprochen. Sie war – und ist! – aber auch eine ungeheuer pragmatische Frau. Bevor ich 1974 zu einem Stipendienjahr in die USA fuhr, nahm sie mich mit zu unserem Hausarzt, und als wir dort saßen, sagte sie: „Ich möchte, dass Sie ihr zwölf Packungen von dieser Pille mitgeben!" Ich bin vor Schreck fast im Erdboden versunken! Und doch habe ich mit einem Grundgefühl auch immer gewusst, dass ich „im Notfall" mit einer Schwangerschaft zu ihr kommen könnte. Sie würde mir schon irgendwie helfen …

Bei der Frage nach Sexualität sind besonders die Schamgrenzen zu respektieren. Wenn ein Mädchen die erste Periode hat, möchte die eine vielleicht darüber stolz berichten, die andere will nicht, dass jeder das kommentiert. Aber jede sollte vorbereitet sein. Meine Großmutter erzählte noch, dass sie glaubte, sie müsste sterben, und niemand ihr wirklich erzählt hat, was es damit auf sich hat, außer dass es die Buße Evas sei für die Verführung mit dem Apfel …

Der eine Junge protzt vielleicht mit Bartwuchs. Der andere will in einem bestimmten Alter das Badezimmer abschließen. Auf diese Intimität sollte er ein Recht haben. Es gibt Zeiten, in denen Berührungen unerwünscht sind, das muss respektiert werden. In der Frauensauna bringt eine Mutter ihren kleinen Sohn mit. Er will sich nicht nackt ausziehen, und offensichtlich ist es ihm auch nicht ganz geheuer zwischen den vielen nackten Frauen. Die Mutter drängt ihn, lacht über ihn, „du kannst deinen kleinen Piepelmatz ruhig zeigen!" Damit überschreitet sie meines Erachtens eine Grenze. Er will sich nicht ausziehen, und die Nacktheit all der anderen ist ihm unangenehm. Solche Grenzen müssen respektiert werden, da geht es um Intimität und Integrität.

Ja, auch das ist ein Balanceakt: Warnen vor den Gefahren des Lebens, vor Drogen, Alkohol, Zigaretten und nichts, aber auch nichts so schlimm sein lassen, dass die Tochter, der Sohn damit nicht nach Hause kommen könnte. Weder die Haare noch die Freunde, noch mögliche Fehlentscheidungen können nach meinem Eindruck ein Kind den Eltern so entfremden, dass ein völliger Bruch denkbar wäre. Die Liebe bewältigt das. Das berühmte Gleichnis vom „verlorenen Sohn" ist bei weitem überstrapaziert worden in Predigt und Gottesdienst. Aber es vermittelt seit zwei Jahrtausenden die ergreifende Wahrheit, dass elterliche Liebe auch die tiefsten Brüche überwinden kann.

Abgrenzung ertragen

Die Pubertät ist geprägt von Grenzüberschreitung und Provokation – wohl alle Eltern kennen solche Situationen:
- Verzweifelt ruft mich eine Freundin an. Als sie ihre Tochter am Morgen weckte, stieg diese mit knallblauen kurzen Haaren aus dem Bett. Sie weiß genau, wie sehr ihre Mutter die blonden langen Haare geliebt hat.

- Der 15jährige erklärt seinem Vater, mit dem er jahrelang Kanu gefahren und im Kanuklub engagiert war, Sport sei Mord und dieser ganze Klub spießig, er trete umgehend aus.
- Zur Konfirmation hat die Mutter eine „nette" Kombination aus Rock und Bluse gefunden, ganz modern, wie sie meint. Die Tochter besteht auf Dreiviertelhose und Top.
- Und ein anderes Konfirmationsbeispiel: Nach dem Gottesdienst fahren Mutter und Sohn nach Hause. Der Sohn sagt: „Na prima, nun kann ich mich am Montag vom Religionsunterricht abmelden und aus der Kirche austreten, ich bin sowieso Atheist." Die Mutter bekommt einen Wutanfall und ärgert sich natürlich darüber, dass ihr das passiert an diesem Festtag, der für sie aber hiermit verdorben ist. Sie weiß selbstverständlich, dass ihr Sohn sie provozieren will, weil ihr Kirche und Glauben wichtig sind – und er weiß, dass er sie trifft.

Jugendliche sind treffsicher bei den Themen, bei denen ihre Eltern empfindlich sind: Sie kennen ihre Eltern ja so gut wie sonst kaum jemand. Und sie springen auf den Zug der Abgrenzung, da, wo es ihren Eltern durch Mark und Bein geht. Für Eltern gilt es, in dieser Zeit den Schmerz der Abgrenzung zu ertragen. Je mehr sie sich dazu provozieren lassen, sich mit Macht oder Gewalt durchzusetzen, desto höher wird der Grad der Verletzung – gegenseitig. Gesetze erlassen nach dem Motto „So lange du deine Füße unter meinem Tisch hast", führen in Sackgassen. Es geht darum, Freiheit zu gewähren, aber auch auf Grundregeln des Zusammenlebens zu bestehen. Ruhe und Gelassenheit sowie Humor sind meines

Erachtens wichtige elterliche Grundhaltungen in der Pubertät.

Sie ist eine Zeit, in der Eltern manchmal schockiert erkennen, dass ihre Kinder erzogen sind, die Phase, in der sie prägend wirken, scheinbar abgeschlossen ist. Nicht Erziehung, sondern Begleitung ist jetzt gefragt, nun kommt es darauf an, dass sich die gelegten Fundamente als tragfähig erweisen. Eine Freundin sagt: „Ich wollte ihnen noch so viel mitgeben, vermitteln, aber irgendwie sind sie jetzt fertig, suchen ihre eigenen Wege und Werte. Das ging so schnell!"

Als meine Kinder klein waren, habe ich immer wieder gehört: „Genießen Sie das, es ist die schönste Zeit, und sie werden so schnell groß!" Das hat mich manchmal genervt, weil die Situation wahrhaftig nicht immer zum Genießen war. Heute verstehe ich eher, was gemeint ist: Im Rückblick erscheint die Kindheit kurz, der Lebensabschnitt mit Kindern ungeheuer kostbar. Es gilt wohl, jede Lebensphase ernst zu nehmen, anzunehmen, ja zu genießen als unwiederholbar und einmalig mit ihren schwierigen und ihren guten Phasen. So eine Lebenshaltung hat auch etwas mit dem Glauben zu tun, der das Leben als Geschenk erkennt.

Geduld ist in der Pubertät vielleicht noch mehr gefragt als in der Kindheit. Ich sage am Strand: „Nimm die Dose mit!", und bekomme zur Antwort: „Die ist doch leer!" Sie weiß genau, dass es mich ärgert, wenn Menschen ihren eigenen Müll zurücklassen. Oder: „Könntet ihr eure Teller nicht *auf*, sondern *in* die Spülmaschine stellen?" – „Warum ist es nicht möglich, dass ihr die Wäsche, die ich euch schon wasche und hochbringe, in eure Schränke transportiert?" –

„Seht ihr nicht, wie das Waschbecken aussieht, kann da nicht eine mal zum Lappen greifen?" – Da kann es Ärger geben: Bin ich denn das Dienstmädchen meiner Kinder! Und Zorn: Was bilden die sich eigentlich ein! Falsche Erwartungen von Dankbarkeit: Sie müssen doch sehen, was ich alles für sie tue, dass ich sie dauernd hin- und herfahre ... – alles Fehlanzeige. Die Pubertät ist eben auch eine Zeit des unglaublich großen Egoismus oder auch Narzissmus oder einfach auch der Verunsicherung. Mir scheinen die jungen Leute so mit sich selbst beschäftigt, dass es ihnen kaum gelingt, andere wirklich tief wahrzunehmen. Eltern müssen wohl einfach erwarten, dass die Aussaat aus den früheren Jahren Frucht bringt, darum geht es – aber das kann dauern ...

Und dann gibt es daneben auch die Momente der Innigkeit, in denen Eltern spüren: Da ist eine große Nähe, und vielleicht müssen wir die Distanz zulassen, damit die Nähe möglich ist. Diese Momente sind nicht planbar, nicht programmierbar, sie sind eben ein Geschenk des Himmels! Es gilt, achtsam zu sein für sie, damit Eltern nicht erst im Nachhinein merken: Da war eine Chance und sie ist verpasst.

Werte vermitteln

Was ist mir wichtig? Wenn ich die anfangs genannten Fundamente für mich selbst nicht kenne, ist es schwer oder gar nicht möglich, Kindern ein Gegenüber zu sein. Meine Kinder wissen, dass mir der Gottesbezug, das Bewusstsein, mein Leben Gott zu verdanken und mich Gott anvertrauen zu können, wichtig ist. Die Menschenliebe Jesu, die Zehn Gebote, die Seligpreisungen sind für mich wesentliche Lebensorientierung. Meine Töchter wissen aber auch um meine Fehler, Schwächen, um das Ringen um Gerechtigkeit, meine Verzweiflung manches Mal, wenn ich versage oder andere oder wenn die Welt einfach unbelehrbar zu sein scheint.

Die Menschenfreundlichkeit Gottes, die mit der Fehlerhaftigkeit der Menschen rechnet, ist für mich von entscheidender Bedeutung. Eine Jugendliche ist beim Klauen erwischt worden. Die Eltern stehen unter Schock. Warum das? Unsere Tochter! Sie hat genug Taschengeld, sie hat alles, was sie braucht. Und jetzt das. So eine Enttäuschung. Die Mutter schreit sie an: „Das verzeihe ich dir nie!" Und dann ist da das weinende, nun wieder kleine Mädchen, das so dumm war, einer großen Versuchung zu erliegen. Einer Versuchung, der Kinder – und Erwachsene – permanent ausgesetzt sind in der Konsumgesellschaft. Da müssen Eltern abwägen. Einerseits muss sie die Konsequenzen ihres Verhaltens klar sehen und akzeptieren. Andererseits muss deutlich werden: Sie wird nicht weniger geliebt. Die Reaktion „Das verzeihe ich dir nie" ist hier nicht richtig. Eher: „Du hast einen Fehler gemacht. Nun löffel die Suppe aus, Kopf hoch, steh dazu. Ich stärke dir den Rücken." Es geht darum, die Verantwortung für die eigenen Fehler zu übernehmen.

Eine unserer Töchter geriet eines warmen Sommerabends in eine Polizeikontrolle im Park. Bei einem Jungen aus der großen Clique, mit der sie dort war, wurden 0,7 Gramm Marihuana gefunden. Wie die anderen wurde auch sie mitgenommen, um eine Aussage zu machen. Eine amerikanische Freundin meinte, als sie davon hörte: „Das ist bei uns der Horror, wenn die Kinder irgendetwas mit der Polizei zu tun haben!" In Deutschland ist das zum Glück anders. Da gibt es einen freundlichen Anruf von der Polizei, der die Eltern dennoch erschrecken kann: „Ihre Tochter ist bei uns auf dem Revier, wir bringen sie vorbei." Bis halb zwei Uhr früh habe ich gewartet, dann kamen zwei nette junge Männer ohne Uniform, haben sie heimgebracht, und ich hielt ein schluchzendes Mädchen im Arm. Und dann sagten sie – das möchte ich mit Blick auf unsere oft kritisierte Polizei einfach erwähnen –: Unsere Tochter sei doch ein nettes Mädchen und ich möge sie bitte nicht bestrafen, sie könne nichts dafür ... Was folgte, war eine Vorladung, bei der Polizei auszusagen. Da muss eine Jugendliche begleitet werden und spüren: Wir halten zu dir, das stehst du durch, sag einfach die Wahrheit! Das war auch für mich eine wichtige Vertrauenserfahrung.

Und dann geht es um Regeln, die für alle gelten. Mir ist beispielsweise das Postgeheimnis wichtig. Ich möchte nicht, dass jemand die Briefe liest, die für mich bestimmt sind, es sei denn, ich erlaube das ausdrücklich. Das Gleiche muss aber dann auch für die Post meiner Kinder gelten. Nur weil sie minderjährig sind, habe ich nicht das Recht, ihre Privatsphäre zu ignorieren. Und es gilt mit Blick auf die Frage: Darf ich das Tagebuch meiner Tochter lesen? Nein, das darf ich nicht, genauso wenig wie ich will, dass sie meines liest. Da muss es einen gegenseitigen Respekt geben: Deins und meins, meine Bereiche und deine Bereiche und natürlich das Gemeinsame oder das, was wir einander anvertrauen wollen ...

Für mich ist Verlässlichkeit in Beziehungen wichtig. Ich selbst bin zuverlässig und finde auch Pünktlichkeit wichtig. Das sind Zusagen, sozusagen, die ich gebe, und ich erwarte Gleiches im Gegenzug. Ich muss sagen, dass das bei uns auch gut klappt. Wir verabreden eine bestimmte Ausgehzeit, und sie wird eingehalten.

Zunächst war ich ganz und gar gegen Handys. Meiner ältesten Tochter konnte ich es nicht verbieten, die jüngeren haben sich eines vom Konfirmationsgeld gekauft. Inzwischen bin ich für diese Anschaffung dankbar. Sie bedeutet, dass die Kinder erreichbar sind. So wie Pünktlichkeit ja auch ein Rezept gegen die Angst ist, den Kindern könnte etwas passiert sein, so ist die Handylösung eine zur Verabredung. Das Ringen um Ausgehzeiträume und Verlässlichkeit, Bedeutung von Pünktlichkeit und Angst prägt die Pubertät in Familien. Zwischen Zulassen und Erlauben, zwischen dem Setzen klarer Grenzen und Freiheit muss eine Balance gefunden werden, die für alle lebbar ist. Bloße Verbote: „Das kommt mir bei uns nicht vor!" oder: „Das Jugendschutzgesetz sagt!" sind letzten Endes Zeichen von Schwäche und dem Unwillen, sich auseinander zu setzen.

Rede und Antwort stehen

Am 7. April 1986 wurden unsere beiden Töchter Hanna und Lea geboren. Da sie sehr klein waren und Probleme mit Gelbsucht hatten, konnten wir erst am 28. April das Krankenhaus verlassen. Auf der Fahrt nach Hause hörte ich im Radio das erste Mal davon, dass in Tschernobyl wohl ein größeres Unglück geschehen sei. Die Sowjetunion machte keine Angaben, wiegelte ab. Andere mutmaßten einen atomaren Unfall. Rund um den 1. Mai war ich mit den drei kleinen Kindern allein zu Haus, mein Mann auf Konfirmandenfreizeit. Die Zwillinge lagen bei schönstem Sonnenschein auf einer Decke im Schatten des großen Kirschbaumes, Sarah spielte im Sandkasten – eine Idylle. Am nächsten Tag folgte der Schock: Größter Anzunehmender Unfall in einem Atomkraftwerk (GAU). Auf keinen Fall solle man Kinder draußen der Strahlung aussetzen. Gras und Sand seien besonders belastet.

Seitdem fällt es mir außerordentlich schwer zu verstehen, dass Menschen die Atomenergie verteidigen. Deshalb verstehe ich die Menschen in meiner Landeskirche gut, die sich dagegen wehren, dass in Gorleben ein Endlager entstehen soll. Hier geht es in christlichem Verständnis um Haushalterschaft und Rechenschaftspflicht. Gott hat uns die Erde anvertraut, sie zu bebauen und zu bewahren für künftige Generationen. Insofern sind wir Haushalterinnen und Haushalter der Erde, die Gott Rechenschaft abzulegen haben über ihr Tun.

Die Frage an uns Eltern wird sein, ob wir bereit sind, unseren Kindern Rede und Antwort zu stehen. Unter anderem war es ja die Nazi-Vergangenheit der Elterngeneration, die zur Entstehung der 68er-Bewegung beigetragen hat. Es war eine Krise jener Erziehungsmethode, die kein Widerwort duldete, keine Nachfragen erlaubte. Und die in Unglaubwürdigkeit versank, als deutlich wurde, dass Strenge, Gehorsam und Ehre, all diese hehren Erziehungswerte, nicht zu Menschenwürde und Zivilcourage geführt hatten, sondern zu Untertanengeist, Wegschauen, Duck-mäusertum bis hin zur Beteiligung am Völkermord. Wie erziehen wir freie Menschen? Das war die Frage in den 60er und 70er Jahren. Ich glaube nicht, dass wir uns demegegenüber in einem „Erziehungsnot-stand"[29] befinden, sondern eher in einer Phase der Neuorientierung. Und die muss bei den Erwachsenen stattfinden. Ist es nicht so, dass ihnen alles gleichgül-tig ist? Dass sie eine „*No-future*-Welt" hinterlassen? *Sie* sind es, die keine Religion mehr zu brauchen meinen, *ihnen* sind die Werte verloren gegangen. Es scheint mir geradezu ein Witz, jetzt Kindern Werte vermitteln zu wollen, die die Erwachsenenwelt nicht besitzt.

Zwei Beispiele nur – nehmen wir: *Rücksicht*. Ein guter Wert, den jedes Kind lernen sollte, oder? Eine Stunde in einer Rushhour in einer deutschen Groß-stadt, und Kinder wissen: Rücksicht ist kein Wert in unserer Gesellschaft.

Nehmen wir: *Tierliebe* – das sollen unsere Kinder doch lernen, oder? Haben Sie schon einmal eine Le-gehennenbatterie besichtigt oder einen Großmast-betrieb für Schweine? Nein, Tierliebe ist kein Wert in Zeiten von Massentierhaltung. Die BSE-Krise hat das deutlich gezeigt.

Kinder sollen lernen, sich gesund zu ernähren. Ein schönes Erziehungsziel. Wenn sich aber der gestresste Vater morgens nur schnell einen Becher Kaffee 'rein-kippt, die Mutter auf Dauerdiät ist und für den kleinen Sohn dann kurz etwas in die Mikrowelle ge-

---

[29] Petra Gerster / Christian Nürnberger, Der Erziehungsnotstand, Rein-bek 2001.

schoben wird – wer sollte da eigentlich etwas lernen? Die aktuelle Erziehungsdebatte hat für mich in dieser Hinsicht wirklich belustigende Züge. Die großen und hehren Grundsätze, die da bemüht werden, sie sind doch offensichtlich der aktuellen Elterngeneration verloren gegangen.

Krieg und Frieden sind ein Thema, das Kinder und Jugendliche ungeheuer berührt. Das ging schon mir selbst so. Der erste Tagebucheintrag meines Lebens lautet: „Die Russen sind in der Tschechoslowakei einmarschiert. Was man hört, ist schrecklich." Das war 1968. Später, in einem Austauschjahr in den USA 1974/75 ging mir das Ende des Vietnamkrieges nahe. Wie konnte das alles sein? Wer hatte das alles zugelassen? Als ich Remarques *„Im Westen nichts Neues"* gelesen und später die Gräben in Verdun gesehen habe, blieb mir völlig unverständlich, was da geschehen war.

Gewalt ist mir ein Gräuel. Warum produzieren Menschen Waffen? Wie können Wissenschaftler Intellekt und Forschungsenergien in Projekte stecken, die der Vernichtung von Menschenmassen dienen?

Noch während meiner ersten Schwangerschaft habe ich gegen die Nato-Nachrüstung demonstriert. Das war mir wichtig für die Zukunft meines Kindes, und ich war froh, dass offensichtlich so viele Menschen gemeinsam gegen Aufrüstung antreten wollten. Auch das Wissen: In der DDR sind viele Freundinnen und Freunde gleichermaßen aktiv, hat mich bestärkt. Das war vielleicht tatsächlich so naiv, wie manche sagen, aber es kann auch interpretiert werden als Beitrag zum Ende des Ost-West-Konfliktes.

Auch heute angesichts der Terroranschläge in den

160

USA und der Ankündigung von Vergeltung durch Präsident Bush halte ich Krieg nicht für ein Mittel der Politik. Wer das sagt, wird schnell des Anti-Amerikanismus angeklagt. Mir geht es um die biblische Mahnung, zum Frieden zu rufen.

Kinder brauchen starke Eltern: Aber nicht Stärke im Sinne von Durchsetzungsvermögen gegenüber ihren Kindern ist gemeint; stark sind Eltern mit klaren Überzeugungen, an denen Kinder sich orientieren können. „Kein Tierlein ist auf Erden, dir lieber Gott zu klein ...": Das Schöpfungsverständnis dieses Kinderliedes gibt mir ein Grundethos. Tiere sind Geschöpfe, keine Dinge. Eine Freundin meiner Kinder ekelt sich beim Essen in einem Restaurant, dass ich Muscheln esse: „Die haben doch gelebt." Ich frage sie, woher ihrer Meinung nach das Schnitzel auf ihrem Teller stamme: „Na, aus der Metzgerei", sagt sie. Ein rechtes Verhältnis zu Tierhaltung zu gewinnen, fällt Stadtkindern schwer. Landkinder wissen noch eher, dass die Kuh halt geschlachtet wird. Letzten Endes sind wir Erwachsenen es, die ihnen die Umwelt entfremdet haben. Unsere Kinder haben ein Recht darauf zu erfahren, wie wir uns denn verhalten haben mit Blick auf Umweltkrise, Ungerechtigkeit, Armut.

Heute werden diejenigen belächelt, die gegen Globalisierung demonstrieren: Was könnt ihr schon tun gegen die große Politik? Und sie müssen mit dem Vorwurf rechnen, dass andere ihre Demonstrationen dazu nutzen, ihre Lust an der Gewalt auszuleben. Aber wollen wir das unseren Kindern wirklich weitergeben, das alte Lied: Der kleine Mann und die kleine Frau können doch nichts tun? Kann nicht gezeigt werden, dass trotz aller Rückschläge die Politik eben doch begriffen hat, dass Kleinwaffen aus dem Verkehr gezogen werden müssen? Die USA spielen hier eine eher tragische Rolle, ebenso wie mit Blick auf den Klimagipfel und anderes mehr. Und daran ist interessant, dass ja nun gerade die USA enormen Wert auf Moral legen. Ein Präsident, dessen 20-jährige Tochter kein Bier trinken darf, setzt sich dafür ein, dass sich sein Land allen Beschlüssen zur Kontrolle internationaler Waffengeschäfte widersetzt. Ist das nicht Doppelmoral? Welche Werte gelten da? Ist das nicht ein Grundwiderspruch? Dass sich die Weltpolitik dieser Fragen überhaupt annimmt, ist meist ein Erfolg der Nichtregierungsorganisationen. Die Frage bleibt: Warum lernen die Menschen so langsam und offensichtlich nur durch Katastrophen? Warum hält die Empörung immer nur für so kurze Zeit an? Warum ist der Egoismus offensichtlich größer als der Wille, den eigenen Lebensstil zu ändern? Warum haben Menschen auch nach 1945 nicht zum Frieden gefunden?

Im Ökumenischen Rat der Kirchen habe ich mich für zwei Themen besonders engagiert: für den so genannten konziliaren Prozess für Gerechtigkeit, Frieden und die Bewahrung der Schöpfung, der weltweit die Kirchen aufgerufen hat, ihre Bemühungen in diesen drei Bereichen zu verknüpfen, und für das Programm zur Überwindung der Gewalt, das zu Beginn des neuen Jahrhunderts dazu beitragen soll, dass Kirchen zum Faktor der Konfliktbewältigung werden. Als meine älteste Tochter in der ersten Klasse war, rief mich ihr Lehrer an. Er sagte: „Das muss ich Ihnen einfach erzählen. Heute wurde gefragt, was die Eltern der

Kinder tun. Und Sarah hat gesagt: ‚Mein Papa ist Pfarrer, und meine Mutter ist für Gerechtigkeit, Frieden und die Bewahrung der Schöpfung.'" Ich war gerührt und erschrocken zugleich: Wie viel habe ich zu Hause eigentlich erzählt von dem, was mich bewegt?

Die tiefen Fragen, die Kinder und Jugendliche umtreiben, müssen meines Erachtens ernsthafte Antworten erwarten können. In der Zeitung sehe ich eine Karikatur: Gott erhält ein Päckchen mit einer vermüllten Erdkugel. „Bitte ein neues Exemplar", steht darunter. Die Jüngste fragt ihre ältere Schwester Hanna: „Was heißt das?" Hanna sagt: „Versteh' ich auch nicht!" Eine Diskussion beginnt: Können wir Gott die Erde zurückgeben? Was müssten wir tun? Und tatsächlich gelangt so das Kyoto-Abkommen und das Dosenpfand in die Familienalltagsrealität. „Wir haben die Erde nur von unseren Kindern geborgt" war einst ein politisches Motto. Das gilt immer noch, völlig unabhängig von Parteien. Wir haben als Erziehende, als Eltern, als ältere Generation eine Verpflichtung, Rechenschaft abzulegen. Biblisch gesprochen bedeutet das, jene Haushalterschaft anzunehmen, die Gott uns überträgt. Lange Jahre haben Christinnen und Christen sich lediglich darauf bezogen, die Erde sei dazu da, sie sich untertan zu machen. Lange hat es gedauert, bis das Bebauen und vor allen Dingen das Bewahren in den Vordergrund traten.

In meinem Schuljahr in Amerika bin ich zum ersten Mal in meinem Leben Juden begegnet. Das war neu, bis dahin waren Juden für mich Menschen aus den Geschichtsunterrichtsstunden über den Nationalsozialismus. Und für sie war ich „die Deutsche". Das war ein Schock, ein Erleben, auf das ich in keiner

Weise vorbereitet war. Im Fernsehen lief als Daily Soap „Hogan's Heroes". Eine typisch amerikanische Serie: Eine Truppe schmucker und schlauer US-Soldaten ist in einem Nazi-Camp inhaftiert. Die Nazis sind fett und blond und doof. Captain Hogan und seine Jungs schlagen ihnen eins ums andere Mal ein Schnippchen. Die Serie war beliebt, ich wurde immer wieder mit dem Bild konfrontiert: So sind sie, die Deutschen. Und musste mich auf einmal fragen, ja wie sind sie denn, die Deutschen?

Diese Frage nach Identität und Nationalität muss auch mit den eigenen Kindern besprochen werden. Für meine Generation ist jede Fahne und das Singen der Nationalhymne etwa ein Gräuel gewesen. Ich erlebe die Jugendlichen heute unbefangener mit Blick auf ihre Zugehörigkeit zu unserem Land, ohne dass sie dadurch nationalistischen Parolen glauben würden. Als ich 1978 das erste Mal in der Holocaust-Gedenkstätte Yad Vashem war, habe ich mich in Grund und Boden geschämt, Deutsche zu sein. Ich habe schnell angefangen, englisch zu sprechen, weil ich dachte: Wenn mich hier jemand als Deutsche identifiziert, dann werde ich glatt angegriffen angesichts der dokumentierten Grausamkeiten. Gut zwanzig Jahre später, 1999, war ich in Washington im Holocaustmuseum. Das ist großartig gemacht – und ich habe mich gefragt, warum es in Berlin solche Querelen geben muss, wenn es so gute Vorbilder für das Lernen aus der Geschichte, Dokumentation und Gedenken gibt.

Der Nationalsozialismus, die Judenvernichtung in Europa, sie sind Teil der Geschichte meines Landes. Deshalb ist es wichtig, sie zu kennen, deshalb gibt es auch Verpflichtungen aus dieser Geschichte. Deutschland bleibt mein Land. Und stolz darauf bin ich, wenn es in diesem Land gelingt, die Geschichte eben nicht zu verdrängen, sondern mit ihren Höhen und Tiefen aufzugreifen, aus der Geschichte zu lernen. Auslandserfahrung hilft, die Stärken und Schwächen des eigenen Landes zu sehen. Deshalb finde ich beispielsweise den Vorschlag des niedersächsischen Justizministers Pfeiffer so gut, jedes Jahr 1000 ostdeutsche Jugendliche ins Ausland zu schicken. Das wären in zehn Jahren 10 000 Jugendliche, die mitsamt ihren Familien einen neuen Blick auf die eigene Situation gelernt haben.

Einen weiteren Blick habe ich auch im Rahmen des Ökumenischen Rates der Kirchen gelernt. Da war ich anfangs stets zurückhaltend, mich hat genervt, wenn „oberschlaue Deutsche" offenbar wieder alles besser wussten. Komisch kann es werden, wenn sie anfangen, Saris zu tragen und mit ihren allseits erkennbaren Birkenstocks an den Füßen Afrikanern die Folgen des hohen Stromkonsums in den Industrienationen, Lateinamerikanern die richtige deutsche Theologie und Asiaten die Gefahren der Globalisierung wortgewandten erläutern. Ich habe mich oft dafür geschämt, dass sie immer alles besser wissen, solche Deutschen, die jede Diskussion schamlos dominieren.

Und dann kam das große Programm für Gerechtigkeit, Frieden, Bewahrung der Schöpfung, die Vorbereitung der Weltversammlung, an der mein Herz so hing. Ein Mann aus Sri Lanka übernahm die Leitung des Büros. Gut, dachte ich, bloß kein Europäer. Aber dann ging unendlich viel schief. Vorversammlungen wurden nicht organisiert, der Direktor reiste gern und viel und hielt auch mitreißende Reden zur Situation in Sri Lanka – nur die Weltversammlung kam nicht in Gang ... Ich war mehr als erleichtert, als schließlich ein Deutscher in das Büro kam (als Hilfskraft sozusagen!). Mit deutscher Gründlichkeit und Ordnung hat er die Sache in den Griff bekommen, ohne den Direktor zu desavouieren. Ich habe das erste Mal gedacht: es sind nicht nur schlechte Tugenden, die die Deutschen besitzen, es kommt darauf an, wie und wofür sie eingesetzt werden ...

Aus christlicher Sicht ist mir in dieser Frage wichtig, dass Christinnen und Christen ein Volk aus vielen Völkern sind. Da kann es keine Herabsetzung anderer geben, sondern nur Freude an der Vielfalt. Es ist mir völlig unverständlich, wie die Buren einst die Vorherrschaft der weißen Rasse theologisch begründet haben mit der biblischen Geschichte von der Abrahamserwählung und der Vertreibung Hagars. Abgesehen davon, dass es hier um das jüdische Volk ging, ist die Botschaft Jesu in dieser Frage völlig eindeutig: Hautfarbe oder Herkunft sind zweitrangig, die entscheidende Frage ist, ob ein Mensch sein Vertrauen auf Gott setzt. Oder, wie Paulus an einer zentralen Stelle im Neuen Testament schreibt: „In Christus ist nicht Jude, nicht Grieche, nicht Sklave, nicht Freier, nicht Frau oder Mann, wir sind eins in Christus" (Galater 3,28). Aber es hat theologiegeschichtlich ja auch einige Zeit gedauert, bis das mit Blick auf Frauen umgesetzt wurde ...

Meine Kinder sehen die Sache mit dem Deutschsein anders als ich. Zum einen ist Europa vielleicht nicht beliebt, aber in den Köpfen der Jugendlichen eine Selbstverständlichkeit. Sie fahren nach Italien und London und Polen. Sie sind keine Nationalisten, aber sie wollen selbstverständlich, dass Deutschland

Fußballweltmeister wird oder Jan Ullrich die *Tour de France* gewinnt. Sie reden davon, dass „die Türken" beim Schützenfest ein Zelt besetzen, in das sie nicht reingehen. „Die Russen" machen sie im Schwimmbad an, und sie haben Angst, ausgenommen zu werden. Wenn ich dann mit meinen moralischen Reaktionen komme: „die Türken" sind doch auch hier geboren, und „die Russen" wurden in der Sowjetunion als Deutsche geschmäht, dann verdrehen sie die Augen und sagen: „Mama, du hast einfach keine Ahnung!" Andererseits ist Esthers beste Freundin Jülide, Sarah hat mit Ayse Abitur gemacht, Harlit Hanna in Mathe geholfen, Lea geht mit Dena in die Stadt. Es gibt eine breite Form der selbstverständlichen Integration, bei der nicht gefragt wird: Haben deine Eltern, hast du einen deutschen Pass?

Mir selbst hat 1975 in den USA eine Geschichtsarbeit über Martin Luther King entscheidend weitergeholfen. Es war ein Durchbruch für mich, zu verstehen, dass ein Mensch fromm und politisch zugleich sein kann. Mir ist heute wichtig, dass es in Ordnung ist, zur Schuld der Väter und Mutter zu stehen, ja auch zur eigenen Schuld. Menschen können lernen – das zeigt die Bibel etwa an Mose, dem Mörder, der zum Führer des Volkes wird, oder am hasserfüllten Saulus, der zum Paulus wird. Der Vorwurf, politisch zu sein, überrascht mich deshalb oft mehr, als dass er mich trifft. Das Christentum hat eine politische Dimension, wer die leugnet, nimmt ihm die Spitze, ja die Essenz.

Das bewahrheitet sich immer wieder auch mit Blick auf die Herausforderung der Gerechtigkeit. Ich merke, wie mit zunehmendem Alter die Empörung über den Hunger in der Welt ruhiger wird. Nie allerdings habe ich meinen Kindern gedroht: „Mach deinen Teller leer. Kinder in Afrika wären froh, wenn sie etwas zu essen hätten." Diesen Zusammenhang fand ich schon als Kind absurd. Zum einen kann ein Kind nun am wenigsten dafür, dass es in Afrika Hunger gibt. Zum anderen wird kein Kind in Afrika satt, wenn eines hier nicht isst. Die Frage muss ja wohl eher an die Eltern gehen: Warum werden denn die Kinder in Afrika nicht satt? Warum kocht ihr hier so viel, wenn es da nichts gibt? Warum essen wir so viel Fleisch, wenn doch dieser Fleischkonsum die siebenfache Menge Nahrungsmittel für die Tiere erfordert, die zur Ernährung der Bevölkerung in den futterexportierenden Ländern notwendig wäre? Es fällt schwer, einem Kind diese Fragen zu beantworten.

Wenn Kinder das erste Mal Bilder von Hungernden sehen, wollen sie oft spontan helfen, ihnen ihr Erspartes schicken, für sie sammeln. Ich denke, Eltern tun gut daran, das nicht lächerlich zu machen. Und es wäre falsch, jetzt einen Vortrag über die Zusammenhänge der Globalisierung zu halten und davon, dass wir nichts tun können. Das stimmt ja nicht. Es ist doch Bequemlichkeit zu sagen, dass wir nichts tun, dass wir den Gang der Dinge laufen lassen. Eine Balance herzustellen zwischen dem Engagement für Gerechtigkeit und dem Leben im eigenen Kontext, das ist eine echte Herausforderung. Und ein Kind ist zu ermutigen, wenn es sich für eine gute Sache einsetzen will.

Es gibt ja auch eine Überreaktion in der Art: wir leben jetzt den anderen Lebensstil. In der Konsequenz tragen die Kinder nun Sachen aus dem Secondhand-Laden. Nestlé, Danone und andere multinationale Konzerne werden boykottiert, einen Fernseher wol-

len wir nicht. Das kann leicht ins Gegenteil um-
schlagen: Den Kindern reicht es irgendwann. Sie
distanzieren sich von den Eltern, wenn sie es satt
haben, immer „anders" zu sein, auch wenn die Eltern
überzeugt sind, „anders" sei eben auch „besser".
Computerspiele beispielsweise sind durchaus nicht
per se schädlich. Sie können bei Kindern Koordi-
nation und Konzentrationsfähigkeit sogar fördern.
Richtig ist die Begleitung und Einbettung.

Und: die Weltgerechtigkeit wird so auch nicht
geschaffen. Aber Rede und Antwort müssen wir unseren Kindern schon stehen. Und dann halte ich es
für einen Witz, wenn die Mutter sagt: Ich gehe einfach nicht mehr wählen, das ist mein Protest. Damit
entzieht sie sich ihrer Verantwortung. Warum engagiert sie sich denn dann nicht in einer Partei, bei
Greenpeace, Amnesty oder in der Kirche?

Kritik annehmen

Die Frage nach der Ehrlichkeit: – stellen Eltern sich
ihr selbst? Sind sie bereit zu antworten? Mit Blick auf
jenen Rabenmuttervorwurf und die Berufstätigkeit
lautet die Antwort für mich: Ja, ich war gern berufstätig und habe versucht, eine Balance zu finden.
Nein, ich habe mich nicht entschieden genug engagiert für eine bessere Umwelt, weil ich mit so vielen
anderen Dingen beschäftigt war. Ich denke, die Re-
chenschaftspflichtigkeit gilt nicht nur vor Gott, sondern auch vor den eigenen Kindern. Wobei diese dann
auch vice versa dazu bereit sein müssen. Das
Schlimmste, so höre ich immer wieder, war für die

Generation der 68er, dass die Eltern nicht bereit waren, Fehler einzugestehen, sich hinterfragen zu lassen.

Erst auf jener bereits erwähnten Reise nach Pommern erzählte mir meine Mutter (75-jährig!), dass sie als junges Mädchen für Hitler geschwärmt hatte und ihr das 1945 so furchtbar erschien, dass sie auf dem Schiff nach Dänemark ihr Tagebuch Seite für Seite dem Wasser übergeben hat und seitdem niemals darüber gesprochen hatte. Sie hat sich geschämt, dass sie sich derart hat täuschen lassen: feine weiße Strümpfe, eine eigene Lederweste ... Ein Sich-Wundern zwar darüber, dass die jüdische Schulfreundin „verschwand", aber eine Mauer des Schweigens bei den Erwachsenen. Sie war von einer Ideologie und gut funktionierender Propaganda verführt worden. Warum kann so etwas nicht erzählt werden? Es wäre eine Lektion für manche Jugendliche. Wir sind verführbar, das wissen wir als Christinnen und Christen. Die Lebensgeschichte anderer ist doch eine nachhaltige Mahnung auch gerade im Hinblick auf ihre Fehler und kann dazu beitragen, Eigenverantwortung zu schärfen!

Warum haben unsere Väter nichts erzählt vom Krieg? Mein Vater hat „erwähnt", dass er in Russland und Frankreich war. Aber was haben sie dort erlebt? Ich erinnere mich dunkel, dass zu seinem 50. Geburtstag zwei Freunde kamen und es darum ging, dass sie Granaten auf russische Panzer geworfen haben. Das hat mich umgetrieben, aber Antworten gab es nicht. Warum erzählen die Väter nichts über die Schrecken des Krieges – es würde die Söhne und Töchter vielleicht davor bewahren.

Nun darf Elternkritik auch nicht zum Dauertribunal werden. Mir geht es darum, dass Eltern sich nicht auf Throne setzen und als unhinterfragbar darstellen. Sie machen auch nicht alles richtig – diese Nüchternheit hilft Kindern, ihr eigenes Leben einzuordnen. Kritik im Alltag, im Kleinen annehmen ist schwer, das können Eltern Kindern auch zeigen. Und es hilft ihnen vielleicht, die Gefühle von zurechtgewiesenen Jugendlichen, ihre Trotzreaktionen zu verstehen.

Kritik ist nur möglich und hilfreich, wo sie eingebettet ist in eine Kultur der Anerkennung. Wenn ich weiß, der andere liebt mich, kann ich Kritik hören. Aber wenn der oder die andere mich offensichtlich herabsetzen wollen, Häme ausschütten, wird Kritik unerträglich.

Zwänge ausräumen

In einem Gespräch, das ich als Pastorin vor der Beerdigung mit der Familie der Verstorbenen führte, begegnete mir sehr eindrücklich der Sonntagsspaziergang der Kinder mit den Eltern als gequälte Pflichtveranstaltung ebenso wie der Sonntagsanruf der Mutter, der auch noch stattfand, als alle Kinder lange erwachsen waren. Er wurde von den Kindern einerseits eindrücklich geschildert, andererseits als Zwangsmaßnahme erinnert. Wie hatten die Kinder diese Pflicht gehasst, wie lange hatten sie gebraucht, den Spaziergang abzuschaffen!

Solche Geschichten kenne ich von Pfarrerskindern, die an den Flötenstunden verzweifelt sind und vor allem am Vorspielen-Müssen in Andachten, Altenheimen und so weiter. Zwänge, Vorstellungen von anderen und eigene Erwartungen, wie eine ideale Familie zu sein hat, üben oft Druck aus auf Eltern – und damit auch auf die Kinder. Deshalb wird Weihnachten etwa oft zum Debakel, weil zu viel Harmonie erzwungen werden soll. Und Jugendliche fürchten Weihnachten laut Umfrage oft. Die Jugendarbeit in Hannover bietet dieses Jahr Heiligabend um 22 Uhr einen Jugendgottesdienst an, in den Jugendliche sich per SMS oder Internet einklinken können – das scheint sinnvoll!

Oder der Urlaubsstress. Als ich einmal getrennt von meinem Mann Urlaub gemacht habe, waren manche schockiert. Dabei war es ganz einfach: Ich wollte gern an den Strand ins Warme, er zum Radfahren nach Norwegen. Uns hat es gut getan, dem jeweiligen Bedürfnis nachzukommen. Ich hatte Zeit mit den Kindern, Urlaubszeit, alles lief etwas anders, es gab nur Tortellini und Spaghetti, wir standen spät auf – ein richtiges Laisser-faire. Mein Mann konnte entspannen vom Sorgen, Kümmern, Kochen, Putzen und mit seinem besten Freund sportliche Leistungen testen sowie abenteuerlich im Zelt campieren. Für den bzw. die andere(n) wäre das nichts gewesen. Nach dem Urlaub hatten wir neu Lust auf das Miteinander und hatten etwas erlebt, worauf wir uns alle gefreut haben. Was soll daran eigentlich falsch sein?

Mittlerweile ist der Urlaub zum größten „Ehekiller" geworden. „Die Scheidungsanzeigen der Pastoren kommen immer öfter nach dem Sommerurlaub", sagt mir ein Landessuperintendent. Ist das zum Erschrecken, oder ist das einfach nur ein Zeichen, dass wir Menschen mit Idealen und Erwartungen überfordern? Wie viel Ballast haben wir abzuwerfen, um Beziehungen, Partnerschaften, Familien zu befreien, damit sie lebendige Lebensgemeinschaften werden, in denen Menschen einander Freiräume zugestehen, Zwänge ablegen, ohne unverbindlich zu werden?

Das Bild von der Heiligen Familie, das keinen Streit und keine Spannung zulässt, kann zur Überforderung werden. Die Familie im Fernsehen ist eben nicht die Familie im Alltag. Die Werbemutti, gestylt, berufstätig und stets gut drauf, ist nicht die Alltagsmama, doch ihr Bild wird heute fast zum Zwang und zur Überforderung. Im Alltag gibt es wohl eher die überforderte Frau mit Doppelbelastung, die darum ringt, sich selbst nicht zu verlieren. Oder die Alleinerziehende mit immer dunklen Rändern unter den Augen. Die Frustrierte, die nur noch Leggings und T-Shirt trägt. Die Frau, die das Altern nicht erträgt, weil im Fernsehen scheinbar alle ewig jung sind, und die sich deshalb zum dritten Mal liften lässt. Wenn ich sie neben ihrer dreißigjährigen Tochter sehe, wirkt das absurd. Es sind Bilder, mit denen konkurriert wird, nicht die Realität. Altern ist eine Tatsache und nichts, wofür ich mich entschuldigen muss. Auch das ist ein Bereich, in dem es Zwänge auszuräumen gilt in der Fit-for-Fun-Gesellschaft. Können wir uns nicht gegenseitig Entlastung zusprechen? Uns selbst befreien von Bildern und Projektionen? „Alles ist erlaubt", schreibt Paulus, „aber nicht alles baut auf." Vielleicht sollten wir uns gegenseitig mehr Erlaubnisse geben, damit die Lust am Leben Raum findet. Viel zu oft sind es Bilder und Projektionen, die uns einengen. Da wäre es oft besser, einmal ganz ehrlich über eigene Wünsche und Sehnsüchte miteinander zu sprechen. Das kann befreien von Zwängen und gewiss auch manchen neuen Weg eröffnen.

Ehrlich bleiben

Es gibt eine Zeit, da werden Erwachsene es müde, Eltern zu sein. Sie sehen sich am Ende ihrer Kraft. Sie fühlen, dass sie nicht mehr investieren wollen in die Auseinandersetzung. Immer öfter höre ich von Eltern, dass sie sich wünschen, die Kinder würden nun endlich flügge und wären so weit, das „Hotel Mama" zu verlassen. Wenn die Kinder älter werden, taucht die Frage auf, ob es für die Eltern eine neue Lebensphase gibt, oder nur die Trauer um die vergangene.

Für manche gibt es in der Mitte des Lebens die Frage, ob sie noch einmal ausbrechen können. Da kann es zu Krisen kommen und manches Mal zur Trennung, wenn ein Partner oder beide meinen, es müsse doch noch etwas Neues geben, wenn die eigene Beziehung und Familie als voraussagbare Sackgasse empfunden wird. Das kann jungen Erwachsenen ehrlich vermittelt werden und ist weniger schwierig als das eingefrorene Lächeln: Alles ist gut, hinter dem die Verlogenheit spürbar ist. Kindern sind diese Konflikte nicht zuzumuten, Jugendliche nur begrenzt belastbar. Aber jungen Erwachsenen gegenüber ist Ehrlichkeit Auge in Auge richtig.

In meinem Jahr in Amerika war mir sehr schnell klar (ich hörte es!), dass der Ehemann die Frau prügelte. Aber die Kinder, siebzehn Jahre und älter, ignorierten das, und es wurde ständig herzliche, liebevolle Familie gespielt. In mir hat das Aggressionen geweckt ...

Die Zeit der Pubertät der eigenen Kinder ist für viele Eltern die Zeit des Abschieds von den eigenen Eltern. Plötzlich sind sie die Alten, die älteste Generation. Sie beginnen zurückzublicken auf das eigene Leben. So viele neue Weichenstellungen gibt es nicht mehr. Nachdenken über Verpasstes, Versäumtes beginnt. Was war richtig, was war falsch? Manche Ehe scheitert in dieser Zeit, weil ein Partner noch einmal ganz neu anfangen will. Viele Männer heiraten schnell wieder, meist eine wesentlich jüngere Frau.

Mütter und Töchter, Väter und Söhne treten in neue Konflikte, auch weil bei Eltern Neid eintritt über die vielen offenen Türen und Chancen der Jungen. Der Vater erkennt plötzlich: Der Junge ist stärker als ich! Die Mutter sieht die Tochter nicht mehr als Kind, sondern als attraktive junge Frau. Da entsteht bei manchen plötzlich Konkurrenz, sie können sich nicht mitfreuen. Oder: diese Jungen, sie lernen Sprachen und reisen. „Ihr seid verwöhnt", heißt es dann. Vielleicht fehlt auch da die Ehrlichkeit gegenüber sich selbst. Der Kummer mit dem Älterwerden, der Neid auf die Jungen, das ist doch verständlich, das kann besprochen werden. Stattdessen wird es oft verdrängt und führt so zu Konflikten.

Früher gab es Regeln und Strenge. In einem Leserbrief schreibt M. Felten, die Folgen der „verweigerten Erziehung" (FAZ) seien überall zu spüren: „So ist man in Bussen und Bahnen auch bei Regenwetter nirgends mehr vor lässig hochgestellten Schuhen sicher." Ist das denn wirklich das Problem? Oder sind diese Jugendlichen auf „Null-Bock-Trip", weil sich auch kein Erwachsener darum schert? Weil es keinen Sinn macht, sich zu engagieren, wenn es keine Perspektiven gibt? Oder haben sie einfach ein bisschen jugendliche Lust an der Provokation, wie Herr F. vor vierzig Jahren vielleicht, als er heimlich eine Ziga-

175

rette geraucht hat? Die Alten, sie haben schon immer über die Jungen geklagt und gesagt: „Früher war alles besser. Früher herrschte mehr Ordnung. Damals haben wir noch dies und das gemacht."

Von der „Droge Verwöhnung" ist in der jetzigen Erziehungsdebatte die Rede. Natürlich kann ein Kind zu sehr verwöhnt werden, wenn es alles bekommt und zwar sofort. Das ist ungesund, das weiß jeder und jede. Aber grundsätzlich halte ich Verwöhnen nicht für schlimm. Meine Mutter sagte gegenüber dem Vorwurf, ich werde als Jüngste zu sehr verwöhnt, immer: Das Leben wird noch schwer genug. Für sie war die Erinnerung an eine glückliche Kindheit wohl auch etwas, was ihr Stabilität gegeben hat in den Jahren von Krieg und Internierung. Ich glaube, solches Verwöhnen meint Liebe, die das Kind spürt, das Bewusstsein, ich bin geborgen, alle wollen das Beste für mich. Solches Verwöhnen macht stark! Ein Verwöhnen dagegen, das entmündigt und keine Chance zum Erproben gibt, macht schwach und lebensuntüchtig.

Was bedeutet nun die Strenge, die neuerdings wieder gefordert wird? Ich glaube, sie will Regeln der Erwachsenen zwanghaft auf Kinder übertragen. Sie übersieht dabei, dass ein Kind nicht nach dem eigenen Bilde und den eigenen Vorstellungen zu formen ist, sondern eine eigenständige Persönlichkeit ist, die Entwicklungsspielraum braucht. Die Strenge, die da gefordert wird, sie riecht nach Duckmäusertum und Nackenschlägen. Wie viele Kinderseelen sind so gebrochen worden? Ich möchte meine Kinder zu geraden, freien Menschen erziehen! Bettina Wegner singt in ihrem Lied „Sind so kleine Hände" für mich überzeugend: „Gerade, klare Menschen wär'n ein schönes

176

Ziel – Menschen ohne Rückgrat haben wir schon zuviel!" Menschen mit einem Grundgefühl für Gerechtigkeit braucht unsere Gesellschaft, die bereit sind, nicht im Eigennutz der Spaßgesellschaft zu verharren, sondern das Ganze in den Blick zu nehmen.

Das größte Scheitern des Menschen bleibt der Tod. Aber gerade weil Christus den Tod überwunden hat, gerade weil das christliche Menschenbild um die Fehlbarkeit weiß, können Christinnen und Christen mit Scheitern umgehen. Da gibt es dann eine gewisse Gelassenheit: nicht alles gelingt. Um Ehrlichkeit geht es aber auch mit Blick auf eigenes Versagen und eigene Not. So raten Experten krebskranken Eltern, dies nicht vor ihren Kindern zu verheimlichen, da sonst die Beziehung gestört werde.[30] Kinder reagieren sehr sensibel, allzu leicht fühlen sie selbst sich schuldig, wenn ihre Eltern erkranken. Ehrlichkeit macht Situationen klarer und für Kinder wie Jugendliche erträglicher, auch wenn es um Leiden und Sterben geht. Der vermeintliche „Schutz" vor dieser Realität führt eher zu Problemen denn zu Entlastung.

Freiheit gewähren

„Unsere Tochter will allein mit ihrem Auto die letzte Ferienwoche nach Frankreich", klagt meine Freundin am Telefon. „Irgendwie denke ich, wir sollten ihr das verbieten. Ich habe solche Angst, was sagst du?" Ich rate ihr, sie ziehen zu lassen. Zum einen ist das Mädchen volljährig, zum anderen war das – so meine

---

[30] Vgl. FR 13.8.2001

Mutter – schon die überlieferte Devise meines Großvaters: Junge Leute müssen raus. Selbstverständlich könnte ihnen „in der Fremde" etwas zustoßen. Aber das kann es auch auf dem kleinsten niedersächsischen Dorf. Sie müssen doch Zutrauen zu sich selbst lernen, Mut gewinnen, die Welt erkunden, die sie eines Tages gestalten und verantworten sollen. Es ist so: Jugend muss raus. Es ist mir viel lieber, ein junges Mädchen will mit der Freundin nach Frankreich fahren, als dass sie den Tag mit Game- und Talkshows verbringt ...

Unserer ältesten Tochter haben wir zu Weihnachten 1989 eine einwöchige Reise mit mir zusammen nach Kenia geschenkt. Es war eine Tagung des Ökumenischen Rates der Kirchen, die in einem offenen Studentencampus stattfand und an der auch Jugendliche anderer Nationen teilnehmen sollten. Die Sache war ein großer Erfolg. Zum einen hat es mir Spaß gemacht, mit meiner großen Tochter zu reisen. Zum anderen hat sie sich hineingefunden in das Ganze, sich eigenständig bewegt. Ergebnis war unter anderem, dass sie sich entschlossen hat, das elfte Schuljahr in Südafrika zu verbringen. „Spinnt ihr?", haben Freunde dazu gesagt. „Dort gibt es Gewalt und Rassismus" (ganz anders als in Deutschland ...). Ich konnte Sarah gut verstehen. Für mich war das elfte Schuljahr in den USA ein Durchbruch ganz persönlich. Also hat sie Bewerbungen geschrieben, kategorisiert nach: erster Wunsch Südafrika, zweiter Wunsch Neuseeland, dritter Wunsch Kanada. Und sie erhielt bei *Youth for Understanding* einen Platz in Südafrika. Sie hat sich riesig gefreut. Am Frankfurter Flughafen Abschiedsszenen: Eltern, die ihre Kinder (mehrheitlich mutige Mädchen übrigens. Jungen gehen – so die Organisationen – eher nach USA und Japan, um der späteren Arbeitsplätze willen ...). Und doch, das muss ich sagen, es war mir auch schwer ums Herz, als sie durch das Gate ging ...

Sarah kam in eine schwarze Familie in einem Township. Diese Familie gefunden zu haben, war offensichtlich ein großer Erfolg der Betreuer der Organisation. Für Sarah aber war das eine Katastrophe. Sie wollte die Welt kennen lernen – und durfte jetzt nicht einmal die kleine Behausung allein verlassen. Es gab pro Person in der Familie nur ein Handtuch, und für sie war keines übrig. (Witziger Nebenaspekt: Für 36,– DM Porto habe ich ihr ein Päckchen alte Handtücher geschickt, die nach drei Monaten zurückkamen, weil die Annahme verweigert wurde – immerhin haben diese alten Handtücher die Welt gesehen!). Der Schulbus fuhr um sechs Uhr früh quer durch die Viertel, niemand sprach mit der merkwürdigen Weißen, die unbedingt hier leben wollte. In der Schule wurde Englisch und Afrikaans gesprochen, in der Familie Xhosa. Sarah hat sich tapfer ein Xhosa-Lehrbuch gekauft, aber das alles war einfach zu viel für eine Sechzehnjährige, eine totale Überforderung.

Vier Wochen haben wir gebraucht, die Betreuer davon zu überzeugen. Sie waren einfach zu stolz darauf, endlich eine schwarze Gastfamilie gefunden zu haben. Das Experiment musste doch gelingen! Schließlich habe ich mit Sarah vom Urlaub mit der Restfamilie in Irland aus (die Handyrechnung will ich gar nicht erwähnen) so lange telefoniert zwischen Ermutigung und Rat für ihre nächsten Schritte, bis es geglückt ist: Familienwechsel! Als Ergebnis die Mitteilung: Ihre Tochter kommt in einer muslimischen Familie indischer Herkunft unter. Kann das nun besser sein?, hat sich die besorgte Mutter gefragt ... Es ging gut!

Die Mutter der neuen Gastfamilie hat sich großartig bemüht. Sarah hat manches zu kochen gelernt und erfahren, was es heißt, wenn der Familienvater mit der Hand schnippt und der Tee gemacht werden muss. Sie hat erlebt, wie große Verwandtschaft jederzeit aufzunehmen ist. Die Gastschwester hat große Eifersucht auf Sarahs Freiheit entwickelt. Sie hat Ramadan erlebt: vier Uhr früh aufstehen, um zu essen, dann bis zum Sonnenuntergang hungern. Sie hat interessanterweise Respekt vor der anderen Religion bekommen, sich aber umso mehr einer christlichen Gemeinde angeschlossen (was mich natürlich gefreut hat). Ich habe das mit Bangen und Stolz miterlebt: meine Tochter, die ihre Freiheit gestaltet, bei der sich umsetzt, was wir einst angelegt haben.

Im Dezember bin ich zur Vollversammlung des Ökumenischen Rates der Kirchen nach Harare gefahren. Weihnachtsgeschenk ein Jahr später also: Wir haben Sarah eingeladen, in ihren Schulferien dorthin zu kommen. Ich erinnere mich genau an meine Spannung auf diesem Flughafen. Dort kann die Wartende noch draußen sitzen (auf kaputten Bänken) und in der Luft ankommende Flieger sehen. Als die *South African Airlines* landete, habe ich nach meiner Tochter Ausschau gehalten. Eine junge Frau stieg aus, selbstbewusst, winkte mir zu. Ja, sie war erwachsen geworden. Wir haben großartige, wenn auch in anderen Fragen nun wiederum schwierige Tage in Harare verbracht. Sie bleiben mir unvergessen, insbesondere unser Ausflug zu den Victoria Falls mit Frauen aus Kirchen aus aller Welt. Ich wünsche mir, mit meinen anderen Töchtern auch solche Erfahrungen zu machen.

Aber müssen Sarahs Schritte nun der Maßstab sein? Hanna sagt mir: „Ich will nicht ins Ausland, das ist nicht mein Ding." Ja, sie ist anders, und das akzeptiere ich. Niemand muss ins Ausland. Die Freiheit wird verschieden aussehen; aber Eltern sollten zur Freiheit ermutigen. Das hat nichts mit Leichtsinn zu tun. Aber wer den eigenen Kindern vertrauen kann, weil sie zuverlässig sind, weil sie die Wurzeln haben, der kann sie zum Fliegen nur ermutigen! Und dann sagt Hanna an einem Abend: Übrigens, wenn du mal wohin fährst, wo's interessant ist, ich würde gerne mitkommen …

5. Erfahrungen weitergeben

Ermutigung mitteilen

Was können Eltern ihren Kindern nun mitgeben? Zuallererst: Ermutigung. – Was bleibt? Wichtig sind, denke ich:
- offene Ohren
- offene Türen
- offene Sinne.

Das Leben will gelebt werden ... und gelernt werden. Für Kinder ist wichtig, zu hören und zu verstehen, dass Konflikte, Herausforderungen, Brüche keine Endstationen sind, sondern bewältigt werden können. Allzu oft ist heute der Toleranzspiegel für Probleme zu klein. Bei dem kleinsten Hindernis wird aufgegeben. Da ist Ermutigung angebracht!

Ich denke, der christliche Glaube kann dabei eine große Rolle spielen. Als Erziehungsziel ist er allerdings kaum noch gefragt. Nur 12 % der Deutschen halten ihn für einen wichtigen Wert. Wenn allerdings Toleranz (64 %), Aufrichtigkeit (57 %) und Zivilcourage (37 %) einen hohen Rang einnehmen[31], ist christlicher Einfluss doch wohl vorhanden. Denn

---

[31] Vgl. idea Spektrum 31/32/2001, S. 10.

eben dazu wird christlicher Glaube immer wieder ermutigen.

Hoffnung bestärken

Mir erscheint es wichtig, jungen Menschen eine gute Portion Hoffnung mit auf den Weg zu geben. Es gibt Schwierigkeiten, das Leben ist voll von Problemen, unsere Welt steht schnell am Rande des Abgrundes. Wenn es aber genügend Menschen mit der Hoffnung gibt, dass eines Tages Gott unter uns wohnen wird und alle Tränen abgewischt werden, Leid und Schmerz und Tod und Geschrei nicht mehr sein werden – so beschreibt die Bibel eine hoffnungsvolle Zukunft – (Offenbarung 21), dann wird aus der Zukunftshoffnung, die über unsere Welt hinausgeht, das Engagement wachsen, in dieser Welt Spuren des Reiches Gottes zu legen. Gott weiß ja vom Leiden und Sterben. Der sterbende Mann am Kreuz ist die vielleicht größte Provokation für eine Welt voller Gewalt. Da gewinnt Ostern und Auferstehung Bedeutung für mich.

Diese Hoffnung drängt zur Einmischung in die Welt. Sie wird Christinnen und Christen immer wieder zur Zivilcourage anregen wie Martin Luther King. Hoffnung muss unterschieden werden von Optimismus und Erwartung. Erwartung gilt dem Kommenden. Optimismus betrifft einen guten Ausgang. Hoffnung gilt dem noch Ausstehenden. Ohne Hoffnung ist die Welt trost-los im wahrsten Sinne des Wortes!

Meines Erachtens gibt es zwei Formen von Hoffnung. Das eine ist die Hoffnung auf ein besseres Leben, eine bessere Welt hier und in dieser Zeit. Margarete Buber-Neumann schreibt in ihrem Buch *Als Gefangene zwischen Hitler und Stalin*, wie auf einem Transport aus einem Gulag in der Sowjetunion im Viehwaggon von Hoffnung gesprochen wurde. „Wir hofften darauf, frei gelassen zu werden, endlich nicht mehr gefangen zu sein, nicht mehr das Lagerelend erleben zu müssen." Da hält der Zug, und alle hoffen auf geöffnete Türen, einen neuen Anfang. Vor den Türen aber stehen SS-Männer. Es geht in das nächste Lager, ein deutsches Konzentrationslager. Margarete Buber-Neumann sagt: Bei einigen, vor allen Dingen den Männern, zerbrach in dem Augenblick die Hoffnung, und sie haben ohne Hoffnung nicht überlebt.

Hoffnungslosigkeit heißt, keinen Sinn mehr zu finden für das eigene Leben, keine Möglichkeit der Veränderung. An Hoffnungslosigkeit kann ein Mensch sterben. Andererseits kann Hoffnung eine ungeheure Kraft entfalten. Da ist die Mutter im Flüchtlingslager, die alles tut, damit ihre Kinder eine bessere Zukunft haben – Hoffnung auf Gerechtigkeit. Der Arbeitslose, der die 37. Bewerbung schreibt – Hoffnung auf Arbeit. Die Menschen, die ihre Häuser wieder aufbauen in der zerstörten Stadt Grosny, weil sie Hoffnung darauf haben, dass sie dort eines Tages wieder leben können – Hoffnung auf Frieden. Die krebskranke Frau, die eine schlimme Chemotherapie durchmacht – Hoffnung auf Heilung. Der Priester und die Pastorin, die unermüdlich vermitteln zwischen Katholiken und Protestanten in Nordirland – Hoffnung auf Versöhnung. Wie viel Hoffnung in dieser Welt! Und all diese Hoffnung legt Spuren des kommenden Reiches Gottes, in dem Gerechtigkeit und Heil und Frieden mitten unter uns sein werden. Solche Hoffnung kann ungeheure Kraft entfalten, ja sie kann Berge versetzen.

Meines Erachtens ist solche Hoffnung immer gespeist von Glauben und Vertrauen. Das ist nämlich die andere Variante der Hoffnung: Gott begleitet mich, mein Leben ist nicht sinnlos und zwecklos. Nein, mein Leben macht Sinn, weil Gott mich ansieht, weil Gott dieses Leben will. Und wenn meine Pläne scheitern, wenn dieses Leben zu Ende geht und Krankheit, Sterben, Tod anzuschauen sind, dann habe ich Hoffnung darauf, dass Gott meinen Namen geborgen hält über Sterben und Tod hinaus. Diese Hoffnung gibt Lebenskraft und Lebensmut. Wenn die Hoffnung auf eine verbesserliche Welt und die Hoffnung auf Gottes Zukunft zusammenkommen, dann kann Hoffnung weltbewegende Kraft entfalten!

Gemeinschaft praktizieren

Die Kirche ist für mich ein Ort, an dem Junge und Alte Kraft finden. Sie feiern Gemeinschaft mit Gott und untereinander, sie schöpfen Hoffnung und Mut für den Alltag. Und in der Kirche wächst immer wieder ein großes Engagement für die Solidarität der Starken mit den Schwachen. Mir ist sehr bewusst, dass viele die Kirche für muffig und von gestern halten. Das tut ihr unrecht. Auch die Gottesdienste sind bei weitem nicht so langweilig, wie es als festgefügtes Vorurteil gerne tradiert wird. Da hat sich viel getan, es gibt fröhliche Zusammenkünfte mit

Gospel wie mit Bach. Diese Gemeinschaft existiert über die Grenzen von Ländern und Kontinenten hinweg. Das halte ich für eine ungeheure Horizonterweiterung.

Ein so erweiterter Blick sieht beispielsweise die Fragen von Kindern und Jugendlichen weltweit.
Denn von hundert Kindern weltweit:
- wird die Geburt von 33 offiziell nicht registriert, sie haben damit keine Nationalität;
- erhalten 27 keinerlei Schutzimpfung;
- leiden 32 bereits vor ihrem 5. Lebensjahr an Unterernährung;
- werden 18 niemals zur Schule gehen, davon elf Mädchen;
- haben 18 keinen Zugang zu sauberem Wasser und 39 leben ohne ausreichende sanitäre Versorgung.[32]
Bei diesen Zahlen sind Kindersoldaten, Prostitution, Obdachlosigkeit und andere Formen der Gewalt gegen Kinder noch gar nicht erwähnt.

Neben großen Unterschieden zwischen der bitteren Armut von Kindern in Pakistan und der Armut kinderreicher Familien in Deutschland beispielsweise gibt es weltweit viele gleiche Problemkonstellationen. Die Medien haben globalisierten Einfluss auf Kinder. Schulprobleme sind keine kontextgebundenen Phänomene. Drogenabhängigkeit ist für Erziehende weltweit eine Herausforderung.

Wenn also Gemeinschaft praktiziert wird, wenn Christinnen und Christen in dem Bewusstsein leben, dass jeder Mensch Gottes Geschöpf ist und wir eine globale Verantwortung haben, können uns solche

---

[32] dpa Genf 3.8.2001.

Zahlen nicht kalt lassen. Gerade auch angesichts der Erziehungsdebatte geht es um Solidarität im weltweiten Kontext.

Glück zulassen

Ich freue mich an meinen Kindern. Bei allen Problemen, Fragen, Herausforderungen ist es für mich ein großes Glück, Kinder zu haben, für das ich dankbar bin.

Aber ich kann sie nach und nach auch gut ziehen lassen. Sie müssen ihr Leben leben, ich das meine. Ich freue mich auf ruhigere Zeiten, in denen ich ins Kino gehen kann ohne schlechtes Gewissen, weil zusätzlich zur Berufstätigkeit noch Zeit von den Kindern abgezogen wird. Ich freue mich darauf, mit meinem Mann, meiner Freundin, meiner Schwester etwas zu unternehmen, ohne täglich zu Hause anzurufen, Angst zu haben, ob auch alles in Ordnung ist. Allerdings werden die Kinder immer Teil meines Lebens sein. Ich rufe heute noch manches Mal meine Mutter spontan an, wenn ich mich über irgendetwas besonders freue. Und das Schöne ist: sie freut sich mit. Sie lebt ruhig und zurückgezogen, nimmt aber Anteil an Töchtern und Enkeln, verfolgt auf Landkarten, wo sie sich alle befinden.

Niemand hat in Erziehungsfragen die Weisheit mit Löffeln gegessen. Vieles wird Intuition bleiben, manches wird sich als falsch erweisen. Mit Kindern und Jugendlichen leben zu dürfen ist aber auch eine Gnade, ein Geschenk. Ich neige gewiss nicht dazu, Kinder zu idealisieren oder zum alleinigen Lebensinhalt zu machen. Glück aber bedeutet für mich Segen. „Selig sind ...", heißt es in jenem wunderbaren Text der Bergpredigt über die Friedfertigen, die Sanftmütigen, diejenigen, die reinen Herzens sind. Davon wird etwas spürbar beim Anblick von Kindern: von Unschuld, Glauben, Ringen um Gerechtigkeit. Das ist Glück, und manche neueren Übersetzungen sagen an dieser Stelle ja auch: „Glücklich sind ..." Glück nicht als kurzer Kick eines Bungeejumps, sondern als tiefe Erfahrung menschlicher Nähe, als Freude an einem anderen Menschen, als Strahlen darüber, dass ein anderer oder eine andere den Weg findet. Oder Glück darüber, da sein zu dürfen, um zu trösten, zu streicheln, ein Rettungsanker zu sein.

Ich kann mir vorstellen, dass Frauen eine große Sehnsucht nach Kindern haben und trauern, weil ihr Kinderwunsch unerfüllt bleibt. Ich kann die Fragen von Frauen verstehen, die überlegen, ob sie tatsächlich ein Kind wollen. Und ich kann die Verzagtheit nachempfinden, die viele Mütter bei der Bewältigung des Alltags ergreift. Dennoch: ich bin glücklich, vier Töchter zu haben, und ich freue mich an ihnen. Ich bin Gott dankbar für dieses großartige Geschenk.

Eltern möchte ich ermutigen, dieses Geschenk bewusst wahrzunehmen. In allen Krisen, allem Verzagen, allen Verletzungen und Auseinandersetzungen bleibt Elternschaft ein Segen. Genießen Sie die Momente der Nähe. Die Momente gelungener Gemeinschaft. Die Situationen, in denen Sie einfach glücklich sind über Ihr Kind. Probleme gibt es – Gott weiß! – genug. Gerade deshalb ist es wichtig, den Schatz des Augenblicks zu hüten. Er kann sich einbrennen ins Gedächtnis. Und dann trösten, wenn Vater oder Mutter wieder einmal zweifelt an der eigenen Erziehungskompetenz. In solchen Fällen hilft nach meiner Erfahrung gerade auch – beten. Das Gespräch mit Gott klärt wieder. Da findet sich neue Kraft, und so finden sich neue Wege. Nicht *Erziehungskatastrophe oder Erziehungsnotstand*, sondern *Erziehen als Herausforderung* ist das Thema.

Kinder im Leben begleiten

Terri Apter
Ich schaff das schon!
Wie Kinder innere Stärke entwickeln und sich nicht
entmutigen lassen
Band 4912
Ein Begleiter für Eltern, deren Kinder zwischen fünf und fünfzehn sind.

Patricia H. Berne/Louis M. Savary
Kinder brauchen Selbstvertrauen
Tipps und Ratschläge für Eltern
Band 5138
Mit Selbstvertrauen lassen sich die vielen Aufgaben des Lebens meistern.
Wie man Kinder oft mit „Kleinigkeiten" unterstützen kann.

Mark L. Brenner
Positiv erziehen
Konsequent bleiben, ohne autoritär zu sein
Band 4783
Es gibt Alternativen zum bloßen „Nein". Das Buch zum Konfliktlösen
mit vielen erprobten Ideen.

Christine Buchner
„Ich will einfach wichtig sein"
Was Kinder mit ihrem Verhalten sagen wollen
Band 4927
Wenn Kinder mit irgend etwas Schwierigkeiten haben, brauchen sie
Zuwendung und Beachtung. So können Eltern ihre Kinder unterstützen.

Roswitha Defersdorf
Deutlich reden, wirksam handeln
Kindern zeigen, wie Leben geht
Band 4829
Damit Kinder ihren Weg eigenständig und erfolgreich gehen lernen
brauchen sie Eltern, die eindeutig, klar und liebevoll sind.

HERDER spektrum

Rudolf Dreikurs/Loren Grey
Kinder lernen aus den Folgen
Wie man sich Schimpfen und Strafen sparen kann
Band 4884
Vertrauen in die Fähigkeit der Kinder ist oft wirksamer als jeder
elterliche Druck. Konsequentes und vernünftiges Verhalten von Seiten
der Eltern verhilft Kindern frühzeitig dazu, eigenständige Erfahrungen
zu sammeln und mit der Freiheit richtig um zugehen.

Gudrun Hennig
Kindern Geborgenheit geben
Was Eltern tun können
Band 5108
Die Kinderärztin und Therapeutin zeigt, wie Eltern die richtige Mitte
zwischen Behüten und Fordern finden und ein gutes Umfeld schaffen
können.

Klaus Hurrelmann/Gerlinde Unverzagt
Kinder stark machen für das Leben
Herzenswärme, Freiräume, klare Regeln
Band 4937
Das „magische Dreieck", das Eltern hilft, innere Stärke und
Selbständigkeit weiterzugeben.

Doro Kammerer
Weil ich ein Junge bin!
Warum man Söhne anders erziehen sollte
Band 4991
Jungen sind anders als Mädchen, und sie haben es schwerer.
Worauf Eltern von Söhnen achten sollten. Der konkrete Ratgeber.

Ingrid Leifgen
Immer diese Besserwisser
Was tun, wenn andere sich in die Erziehung einmischen
Band 5117
Mit vielen Beispielen und Lösungsvorschlägen.

HERDER spektrum

Christine Swientek
Adoptierte auf der Suche...
...nach ihren Eltern und nach ihrer Identität
Band 5199
Die erfahrene Beraterin nimmt Gefühle und Interessen aller Beteiligten ernst und plädiert für Offenheit.

Christine Swientek
**Was Adoptivkinder wissen sollten
und wie man es ihnen sagen kann**
Erweiterte Neuausgabe
Band 4706
Christine Swientek gibt praktische Hinweise, wie Eltern ihre Kinder aufklären und auf schwierige Fragen Antworten finden können.

Gabriele und Bertold Ulsamer
Spielregeln des Familienlebens
Anregungen nach dem Ansatz von Bert Hellinger
Band 4809
Ein Erziehungs- und Familienratgeber, der die tradierten Handlungsmuster hinterfragt und konsequent den „Ordnungen der Liebe" Raum gibt.

Peter Veith
Jedes Kind braucht seinen Platz
Geschwister in der Familie
Band 4792
Hier wird gezeigt, was Eltern über die Entwicklungsmöglichkeiten, Schwierigkeiten und Chancen geschwisterlichen Miteinanders wissen müssen.

Renate Zimmer
Was Kinder stark macht
Fähigkeiten entwickeln – Entwicklung fördern
Band 4976
Die Autorin zeigt, wie sich aus alltäglichen Aktivitäten mit Kindern im Vorschulalter Sinnes- und Bewegungsspiele machen lassen, die Kindern Spaß machen und weiterhelfen.

HERDER spektrum